当代浙江学术文库

DANGDAI ZHEJIANG XUESHU WENKU

浙江省社科联省级社会科学学术著作出版资金资助出版（课题编号：2011CBB29）

竺法护译经感觉动词语义场研究

姜兴鲁 著

浙江大学出版社
ZHEJIANG UNIVERSITY PRESS

# 目　录

# 第一章 绪 论

本书以西晋著名译经师竺法护的译经为研究语料,以其中的感觉动词语义场为研究对象,研究目的在于揭示该语义场成员在竺法护译经中的词汇面貌以及词义系统属性,并对其成员的词义演变规律进行概括和总结。研究涉及横向和纵向两个方面,横向是研究该语义场中的动词在竺法护译经中的分布情况,同时与在中土文献中的分布情况进行对比研究;纵向是探求该类语义场中每个成员的词义演变过程以及整个语义场的演变情况。在详细描写的基础上,结合认知语言学的相关理论、现代语义学的语义场理论以及义素分析的方法,力求对其词义演变的规律进行探索和总结。

## 第一节 选题缘起及理论背景

### 一、选题缘起

汉语历史词汇的研究历来是汉语史研究中比较落后的部分。这个问题,吕叔湘[①]早已指出:"汉语史研究中最薄弱的部分应该是词汇研究。"[②]但近些年来,经过许多学者的积极倡导和努力实践,这一领域的研究已经有了很大的进展。这些成就的取得,首先得益于理论指导方面的逐渐明晰化,以

---

① 为了行文方便,文中出现的人名,一律略去"先生"、"师"等尊称,下文不再说明。

② 参看吕叔湘:《吕叔湘文集》(第 4 卷),北京:商务印书馆,1992 年,第 38 页。

及在继承传统训诂学研究成果的基础上建立起了汉语历史词汇学。蒋绍愚把20世纪的古汉语词汇研究分为四个方面：（一）训诂学的复兴和更新；（二）语源学研究的进展；（三）古汉语词汇研究范围的扩大；（四）汉语历史词汇学的建立。①蒋绍愚明确指出："汉语历史词汇的主体工程是汉语历史词汇学。什么是汉语历史词汇学？它可以分为两大部分：1.历史的研究。即各个时期汉语词汇系统的描写以及汉语词汇系统历史演变的研究。2.理论的研究。即汉语词汇历史演变的规律以及其他有关理论问题的研究。"②

关于历史的研究，我们不能不提到传统的训诂学。传统训诂学为我们留下了丰富而宝贵的遗产，它的内容涉及词的本义和引申义研究、同义词辨析、词的音义关系探求、虚词研究、方言词汇研究等。方一新在谈到传统训诂学的成就与特色时，列举了如下几条：（一）对音义关系有比较正确的认识；（二）学风、态度严谨求实；（三）善于创通义例，总结规律；（四）训释精当而富有成果，为后人留下了丰厚的遗产。③但传统训诂学的不足之处也显而易见，何九盈指出："站在中国语言学史的角度，回望二十世纪的训诂学历程，深感这门古老的学科，由于远因近因外因内因的种种制约，其现代化进程充满了矛盾、困惑、危机。"④蒋绍愚把传统训诂学的不足概括为五点：（一）传统训诂学基本上没有脱离经学附庸的地位；（二）传统训诂学基本上还是把古汉语词汇作为一个平面来研究的；（三）传统训诂学在很长时间里没有摆脱文字形体的束缚，正如王力先生所说的，严格地说，在清代以前的小学研究，是属于语文学的范围；（四）传统训诂学对词汇的研究在理论上不够准确和深入；（五）传统训诂学以解经、作注为主要任务，所以往往对僻字僻义花很大力气，而对常用词却略而不论。⑤我们在对汉语词汇进行历时描写的同时，固然离不开传统训诂学的研究成果，但训诂学并不等于词

---

① 参看蒋绍愚：《汉语词汇语法史论文集》，北京：商务印书馆，2000年，第346—355页。

② 蒋绍愚：《汉语词汇语法史论文集》，北京：商务印书馆，2000年，第352页。

③ 参看方一新：《训诂学概论》，南京：江苏教育出版社，2008年，第232页。

④ 参看何九盈：《二十世纪的汉语训诂学》，刘坚主编：《二十世纪的中国语言学》，北京：北京大学出版社，1998年，第53页。

⑤ 参看蒋绍愚：《古汉语词汇纲要》，北京：商务印书馆，2005年，第2—12页。

汇史。正如张永言、汪维辉指出："训诂的目的是'明古'，训诂学的出发点是为了读古书——读懂古书或者准确地理解古书。……词汇史则颇异其趣，它的目的是为了阐明某一种语言的词汇的发展历史及其演变规律，而不是为了读古书，尽管不排除客观上有这种功用。"①基于对传统训诂学的反思，进入 20 世纪以来，学者们拓宽了研究范围，近代汉语和中古汉语进入学界的研究视野，常用词、俗语词的研究方兴未艾，佛教典籍、笔记小说、医古文、注释语言等一大批以往不被重视的语料渐渐被学界所重视；同时，学界已经意识到汉语词汇系统研究的重要性，"一方面从汉语的事实出发对词汇的系统性进行讨论或者证明，一方面开始翻译、介绍、学习西方的语义学理论，特别是其中的语义场理论，由此极大地推动了汉语词汇系统的研究"②。

关于理论的研究，目前学界越来越重视在对汉语词汇系统进行历时描写的基础上对其发展演变的规律进行总结和解释。西方现代语义学理论的引入对于深入研究汉语词汇系统具有重要意义，如认知语义学理论、语义场理论、义素分析法等。尽管这些理论本身并非完美无缺，也不可能单凭某一种理论就能建构起整个汉语词汇系统，但这种引进西方理论并结合汉语的实际进行研究的做法，的确是一种有益的尝试。近些年来越来越多的文章和专著就是最好的证明。

本书的撰写，一方面基于中古时期佛经语料的重要性，另一方面基于语义场理论作为现代语义学中一种有代表性的理论在词汇系统研究中的重要作用，希望能够为汉语历史词汇的研究做出一点贡献。

## 二、理论背景

### （一）语义场理论的发展简况及研究现状

本书所运用的理论主要是语义场理论和认知语言学的相关理论。下面

---

① 参看张永言、汪维辉：《关于汉语词汇史研究的一点思考》，《中国语文》1995 年第 6 期，第 73 页。

② 参看李润生：《二十世纪五十年代以来汉语词汇系统研究述评》，《燕山大学学报》（哲学社会科学版）2007 年第 2 期，第 68 页。

我们对这两种理论的产生和发展做一个简单的梳理。[①]

**1. 国外语义场理论的发展简况**

语义场理论，强调语言的系统性，反对孤立地、原子主义地研究语言。"这个理论主要是反对那种孤立的对语言因素的研究，而强调语言体系的统一性和语境对表达式的意义的影响。"[②]一般认为，语言学界的语义场理论是受自然科学界的"场"论影响而产生的，如物理学上的电磁场理论、引力场理论，数学上的标量场、矢量场、张量场、稳恒场等理论。此外，一些义类词典的编纂为语义场理论的产生提供了实践基础。如1852年罗杰特主编的《英语词汇宝库》、1859年的法语《概念词典》、1881年的德语《适当的词语》、1887年的《德语词典》等等。语言学上的场论最早可以追溯到洪堡特（W. von Humboldt）、莱布尼茨（G. W. Leibniz）等人，但一般认为它的直接来源是索绪尔（F. de Saussure）的系统论，索绪尔认为："语言是一种表达观念的符号系统"[③]，同时"语言是一个系统，它的任何部分都可以而且应该从它们共时的连带关系方面加以考虑"[④]。索绪尔在谈联想关系时还提出了"星座中心"、"辐合点"和"联想集合"等概念；他的学生巴利（C. Bally）则进一步发展了他的观点，提出了"联想场"。

"语义场"这一概念，最早是由德国学者易普森（G. Ipsen）于1924年在《古老的东方人和印度日耳曼语》一书中提出来的。但是对语义场进行较为系统论述的是另一位德国学者特里尔（J. Trier），特里尔被认为是语义场理论的创始人和代表人，他于1831年出版的《智慧义域中的德语词汇》是语义场理论的开创性著作。不过他并没有使用"语义场"这一术语，而是用了"语

---

① 本部分关于语义场理论的梳理主要参考了徐志民《欧美语义学导论》（2008）、符淮青《词义的分析和描写》（2006）、蒋绍愚《古汉语词汇纲要》（2005）、张志毅、张庆云《词汇语义学》（2005）、张燚《语义场：现代语义学的哥德巴赫猜想》（2002）、邹玉华《语义场研究述评》（1987）、陆尊梧《语义场浅谈》（1981）、科索夫斯基《语义场理论概述》（1979）、沙夫《语义学引论》（1979）等。

② 参看[波兰]沙夫（A. Schaff）著：《语义学引论》，罗兰、周易译，北京：商务印书馆，1979年，第307页。

③ 参看[瑞士]费尔迪南·德·索绪尔（Ferdinand de Saussure）著：《普通语言学教程》，高名凯译，北京：商务印书馆，1980年，第37页。

④ [瑞士]费尔迪南·德·索绪尔（Ferdinand de Saussure）著：《普通语言学教程》，高名凯译，北京：商务印书馆，1980年，第127页。

言场"、"词场"和"概念场"这些术语。特里尔认为一个概念场之上覆盖着几个词汇场,词与词之间相互联系,形成系统,其间关系不断变化;词只有作为整体中的一部分,作为语义场中的一员,才能确定其意义。特里尔语义场理论的缺陷在于,他把语义场看作一个像马赛克镶嵌地板一样的整齐划一的东西,语义场内既没有意义交叉重叠,也没有空隙,这显然是过于主观而且不符合语言事实的,同时也遭到后世学者的诟病。波兰学者沙夫指出:"按照特里埃(就是特里尔——笔者按)的看法,语言'创造'实在。'语义场'是一个给定语言的词汇系(lexical stock)的一个部分;语义场是内在的一致的,并且是和那些它所联结的其他的'场'严格区分的,像欢乐、衣服、天气等这样一些'场'是如何形成的,这决定于有关的语言的性质。这样,'语义场'就在一个给定的语言中构成了一幅世界的图画和一种价值的尺度。这种显明的唯心主义的想法(充满了黑格尔的"国家精神"的观念),是显著地和这样一些关于语言的哲学理论相对应的,这些哲学理论从约定论的观点认为这种或那种的'世界观'是依赖于'语言的选择'。"①

莱昂斯(J. Lyons)进一步提出"场"的历时分析和比较方法。② 20 世纪五六十年代,法国学者马托列(G. Matoré)提出从社会标准来分析词汇的"场"的理论,指出要从社会结构出发,对词汇的整体做有层次的分类,通过研究词汇来揭示社会。③ 差不多和特里尔同时,德国学者波兹格(Porzig)提出一种建立在词位组合关系上的语义场理论,与建立在聚合关系上的特里尔的词汇场理论相互补充。④ 英国学者沙克里特奇(A. Shaikeritch)尝试从组合关系角度研究语义场。他认为,语义上有联系的词应该在上下文中共同出现,反过来也可以说,如果词在上下文中经常一起出现,那么它们在意义上必定有联系。

迄今为止,语义场的概念有广狭之分,而我们又多用广义的概念,即以共性义位或义素为核心形成的相互制约的具有相对封闭域的词语或义位、

---

① 参看[波兰]沙夫(A. Schaff)著:《语义学引论》,罗兰、周易译,北京:商务印书馆,1979 年,第 307—308 页。

② 参看 J. Lyons. *Semantics*, Cambridge University Press, Reprinted 1978, p.250.

③ 参看 S. Ullman. *Semantics*, Oxford, 1962, p.252.

④ 参看 J. Lyons. *Semantics*, Cambridge University Press, Reprinted 1978, pp.261—263.

义丛的集合,主要是聚合关系,如人类义场、人体义场、面部义场、多义义场、构词义场,偶尔或指组合关系,即组合义场。①

**2.国内语义场理论的研究概况**

关于语义场的研究,国内近年来也出现了许多研究成果。我们将其分为三类:单篇论文、学位论文和相关著作。

(1) 单篇论文

关于语义场研究的单篇论文数量较多,我们按照其研究内容分成以下几类:

①语义场理论概述

陆尊梧《语义场浅谈》(1981)是国内较早介绍语义场理论的文章之一。文章介绍了语义场理论的源流,对不同学者的观点和各种术语进行了简单述评,同时分析了几种常见语义场,并提出了作者自己关于语义场构建的设想。

张建理《词义场·语义场·语义框架》(2000)以语义学为中心,介绍了词义场、语义场、语义框架三种理论的来龙去脉,特别介绍了菲尔墨(C. J. Fillmore)的理论演进过程。文章指出,这三种理论代表了词汇语义学研究的三个阶段,是一个由宏观到微观、从表层语言现实到深层概念结构的发展过程。前两者关注的是词的分类系统,而后者关注的是一个词语所代表的概念的部分——整体系统。

寇永良《语义场浅释》(2001)对语义场理论从产生到发展过程中的各种理论、各种术语进行了简单述评。

张燚《语义场:现代语义学的哥德巴赫猜想》(2002)回顾了语义场理论产生、发展的历史,并分析了语义场理论的价值和缺憾,剖析了语义场研究中存在的突出问题。

颜红菊《语义场理论的认知拓展》(2007)针对语义场理论的局限性,提出了语义场理论研究的新视角——认知角度。作者认为可以从认知语言学的角度拓展语义场理论的研究。例如可以用不对称和标记理论来解释词场空位现象,用意象分析法解释词场交叠,用主观化理论来解释一些副词的演

---

① 参看张志毅、张庆云:《词汇语义学》(修订本),北京:商务印书馆,2005 年,第 63 页。

变等。文章结合实例,深入浅出,给我们提供了一种新的研究视角。

唐琳《试析语义场理论》(2008)对语义场理论进行了概述,包括语义场的性质和语义场的作用。

②语义场类型研究

周国光《语义场的结构和类型》(2005)简单介绍了语义场的相关术语,并举例分析了汉语词汇体系中的语义场,包括:类义关系和同类语义场、同体关系和同体语义场、同集语义关系和同集语义场、层序语义关系和层序语义场、循环语义关系和循环语义场、同心语义场和同心语义关系、典型——一般语义关系和典型语义场、同族语义关系和"家族"语义场、重合语义关系和重合语义场、叠交语义关系和叠交语义场、对立语义关系和对立语义场、同属语义关系和同属语义场、关系词项和关系语义场。文章还对语义场和范畴化进行了讨论。

黎千驹《论语义场的类型与语义的模糊性》(2006)把语义场理论引入"模糊语义学"的研究当中,分别探讨了同义关系义场中义位的模糊性、并列关系义场中义位的模糊性、对立关系义场中义位的模糊性、矛盾关系义场中义位的模糊性和序列关系义场中义位的模糊性。

滕静《探析语义场的类型》(2006)举例概述了语义场的几种类型:类属义场、序列义场、关系义场、同义义场、反义义场、多义义场和构词义场。

③语义场与词义(语义)研究

李友鸿《词义研究的一些问题》(1958)对特里尔和波尔齐希的语义场理论进行了述评,这是目前我们能够见到的国内最早介绍语义场理论的文章。

贾彦德《语义场内词义间的几种聚合关系》(1982)是关于语义场研究的较早的一篇文章。文章利用现代汉语的语料分析了语义场的几种类型:分类义场、顺序义场、关系义场、反义义场、两极义场、否定义场。

梅家驹等《语义场和语义体系》(1987)介绍了语义场理论,包括义素分析法、语义场的相互关系、语义场与数学集合理论的关系,在此基础上探讨了有关语义体系的整理问题。文章介绍了几种语义体系整理的标准,并介绍了几本世界著名的类义词典的整理方法,最后以我国第一本类义词典《同义词词林》为例总结了词义体系整理的标准以及《同义词词林》本身的词义整理体系。

赵一农《语义场内的词义联动现象》(1999)分析了语义场的系统性、语义场内词的相互关联和相互制约性，以及语义变化的相关性。语义场内一个词的词义的变化往往会引起其他词的词义变化，这便是词义联动。文章结合英语中词汇变化的实例，分析了词义引申的两种模式：类比推理和归纳推理。

梁鲜、符其武《从语义场看词义演变的类型》(2006)对传统的语义演变类型的"三分法"——"扩大、缩小、转移"进行了分析。文章指出，"扩大"、"缩小"并非义位的增减，从语义场角度来看，"扩大"是词义变化成为语义场中的上位义，而"缩小"则相反，是词义变成语义场中的下位义。至于"转移"，从词义演变的结果来看，宜分为两类："场内转移"（"平移"）和"场间转移"（"外移"）。关于语义演变的种类，作者主张"六分法"——"扩大、缩小、平移、外移、深化、弱化"。

④语义场与义素分析

岑运强《语义场和义素分析再探》(1994)从义素和义位谈起，介绍了语义场理论，包括语义场的类别和特点，并对各类语义场进行了举例分析。

郭沈青《语义场和义素的性质及其研究价值》(1994)简单介绍了语义场理论和义素分析法在语义研究中的价值。

⑤语义场个案研究

这部分文章的数量最多，部分论文以某一特定语义场作为研究对象。如：

解海江、张志毅《汉语面部语义场历史演变——兼论汉语词汇史研究方法论的转折》(1993)考察了汉语面部语义场所构成的词义系统及其历史演变，并对其演变原因进行了探讨。

汪维辉《汉语"说类词"的历时演变与共时分布》(2003)主要研究了汉语言说动词语义场中的上位词"说类词"在上古、中古、近代以及现代汉语方言各历史平面的共时分布和历史演变。

蒋绍愚《汉语词义和词汇系统的历史演变初探——以"投"为例》(2006)以动词"投"为例，以概念场理论为背景，运用"概念要素分析法"分析了其所处概念域的各个成员的分布及其在不同历史时期的演变，进而探讨了运用概念场理论来研究汉语词汇系统的历史演变的可行性。

又蒋绍愚《打击义动词的词义分析》(2007)采用概念场背景下的"概念要素分析法",对上古汉语、现代汉语以及英语中的表"打击"义的动词进行了比较研究。

吴宝安《西汉"头"的语义场研究——兼论身体词频繁更替的相关问题》(2006)对西汉"头"语义场进行了共时平面的描写,并对内部成员的替换与发展进行了分析。

谭代龙、张富翠《汉语起立概念场词汇系统及其演变研究》(2007)以义净译经为平台,分析了汉语起立概念场中的两个成员"起"和"立"在义净译经这一共时平面上的分布情况,又从历时角度探讨了它们的发展演变,从而初步构建了汉语起立概念场的词汇系统。

与此相关的重要文章还有解海江、章黎平《面部语义场词典释义的历史演变》(1999),王建喜《"陆地水"语义场的演变及其同义语素的叠置》(2003)、《先秦至魏晋南北朝腿部语义场的演变》(2006),李云云《汉语下肢语义场的历史演变》(2004),马丽《试论未成年人语义场的演变》(2004),章红梅《古汉语"跳跃"义场的语义分析》(2005),吴宝安、黄树先《先秦"皮"的语义场研究》(2006),郑春兰等《甲骨文核心词"人"的语义场初探》(2006),龙丹《魏晋核心词"颈"语义场研究》(2007a)、《魏晋"牙齿"语义场及其历时演变》(2007b)、《魏晋核心词"油"语义场初探》(2007c)、《魏晋"羽毛"语义场探微》(2008d),王枫《"问答"类动词语义场的历史演变》(2007)、《"语告"类动词语义场的历史演变》(2008),龙丹等《说"腿"》(2008),尹戴忠《上古"窥视"语义场研究》(2008)、《上古汉语"张目看"语义场研究》(2008),张荆萍《"出售"语义场的演变初探》(2008),郭晓妮《汉语常用词多义义场的历史演变初探——以动词"提"为例》(2009),等等。

部分论文则以某一专著或某一题材中的语义场为考察对象。如:

蒋绍愚《白居易诗中与"口"有关的动词》(1993)对白居易诗中与"口"有关的四组动词进行了分析,考察了这些词从六朝到五代的历史演变。

谭代龙《义净译经卧睡概念场词汇系统及其演变研究》(2007)以唐代高僧义净译经为平台,分析了汉语卧睡类词汇系统的属性、形成和演变情况。文章先是描写该词汇系统的共时分布情况,然后从历时的角度探讨了其形成和演变情况。

谭代龙、周文德《〈诗经〉中的身体名词研究》(2007)遵循"以人为本"的历史词汇研究思路,对《诗经》中的身体名词进行了分类描写。①

徐正考、李美妍《菩提留支译经中的言说类词语》(2009)则考察了元魏译经师菩提留支翻译的佛经中表示"言说"的动词语义场。

此外,相关的重要文章还有卢巧琴《〈说文解字·木部〉语义场浅析》(2005),彭吉思《〈水浒传〉中与"看""打"有关的同义语义场》(2006),蒋晓薇《〈世说新语〉"一般地看"同义语义场研究》(2007),张笛、高奎峰《〈尔雅·释宫〉语义场分析》(2007),甘小明《〈高僧传〉建造概念场词汇系统分析》(2008),等等。

(2) 学位论文

在已有的研究成果中,还有一批以语义场的演变为题的硕博士学位论文。其中有以某一特定语义场为研究对象。如:

崔宰荣《汉语"吃喝"语义场的历史演变》(2001)选取了《史记》、《世说新语》、白居易诗集、《祖堂集》、《朱子语类》、《新校元刊杂剧三十种》、《金瓶梅》(第一至四十二回)、《红楼梦》和《儿女英雄传》9 种口语性比较强的语料作为不同历史平面的研究语料,对汉语"吃喝"语义场中的 35 个词语进行了研究。②

刘新春《睡觉类动词的历史演变研究》(2003)着眼于常用词的系统研究,分四个历史时期描写了睡觉类动词语义场的历时演变,总结了睡觉语义场的演变特点。

王洪涌《先秦两汉商业词汇——语义系统研究》(2006)从共时角度对先秦两汉商业词汇系统中的 443 个词进行了词义分析、义位归纳和各义位之间关系的梳理,描述了整个语义系统的构成情况。

该类论文中还有邵丹《汉语情绪心理动词语义场的历史演变研究》(2006)、闫春慧《汉语"洗涤"类动词语义场的历史演变》(2006)、吕文平《汉语"买卖"类动词语义场的历史演变研究》(2007)、朱莹莹《手部动作常用词

---

① 该文虽未明确使用"语义场"这一概念,但其分类及描写的方式明显是受了语义场概念的影响,其"以人为本"的研究思路也为我们提供了很好的借鉴思路,故列入文献综述。

② 该文为北京大学 1997 届汉语史专业硕士学位论文,现载于《语言学论丛》(第 25 辑),北京:商务印书馆,2001 年。

的语义场研究》(2007)、高龙《汉语"切割"类动词语义场的历史演变研究》(2008)、王洋《汉语"烹煮"语义场的历史演变研究》(2008)、张荆萍《试论古汉语"出售"语义场的历史演变》(2008)、刘恩萍《汉语"行进"类动词语义场的历史演变研究》(2009)、双丹丹《"种植"类动词语义场的历史演变》(2009)等。

还有一些学位论文以某一专著或某一题材中的语义场为主要考察对象。如：

吕东兰《从〈史记〉、〈金瓶梅〉等看汉语"观看"语义场的历史演变》(1998)对《史记》、《世说新语》、杜甫诗集、《祖堂集》、《儿女英雄传》(前十回)中表示"观看"的语义场中的词汇进行了穷尽性的描写,分析了"观看"语义场在各个时代的分布,场内各成员的历时更替,以此探讨汉语词汇系统发展的一般规律。①

杜翔《支谦译经动作语义场及其演变研究》(2002)以三国支谦的译经作为研究语料,对译经中各动作语义场的成员进行了共时描写和历时演变分析,最后对三国时期汉语词汇的概貌及语义演变的有关问题进行了探讨。

谭代龙《义净译经身体运动概念场词汇系统及其演变研究》(2008)以唐代高僧义净的翻译佛经为语料,对其身体运动概念场的词汇系统进行了研究。②

此外,相关的论文还有李娟《〈汉书〉司法语义场研究》(2006)、吴峥嵘《〈左传〉索取、给予、接受义类词汇系统研究》(2006)、焦毓梅《〈十诵律〉常用动作语义场词汇研究》(2007)等。

(3) 相关著作

语义场理论自20世纪80年代以来逐渐进入国内学者的研究视野,许多词汇学、语义学的论著都不同程度地对其进行了介绍和研究。

贾彦德《语义学导论》(1986)是国内第一部语义学专著,书中系统地介绍了语义场理论,并运用该理论具体分析了亲属词汇的语义系统,可谓精当

---

① 该文为北京大学1995届汉语史专业硕士学位论文,原名《汉语"观看"语义场的历史演变》,现载于《语言学论丛》(第21辑),北京：商务印书馆,1998年。

② 该专著为北京大学2005届博士学位论文,原名《义净译经身体运动概念场词汇研究》,于2008年由语文出版社出版。

而富于启发性,此研究在其《汉语语义学》(1999)中得到了进一步的完善。随后,伍谦光《语义学导论》(1988)主要介绍了德国学者特里尔的语义场理论。[①] 徐烈炯《语义学》(1995)则详细介绍了特里尔关于语义学中的"场论"(field theory)。[②] 张志毅、张庆云《词汇语义学》(2005)在谈到"义位的宏观结构"时也对语义场理论进行了介绍和分析。[③]

将此理论运用于古汉语词汇研究的当首推蒋绍愚。他在《古汉语词汇纲要》(2005)中介绍了这种理论,在"词在语义场中的关系"一节中具体分析了一些古汉语词汇的聚合、组合语义场,并尝试运用"义素分析法"对古汉语词汇进行分析(包括静态的分析和历史的描写),令人耳目一新。

张联荣《古汉语词义论》(2000)的第一章"词义",以古汉语中表示年龄段、温度、树木的三组词来说明词的语义范围,第六章"词义范围的变化"第三节"关于词义的转移"中以语义场来说明词义的变化。

另外,束定芳《现代语义学》(2000)、刘叔新《汉语描写词汇学》(2005)、岑运强《语言学基础理论》(2005)、符淮青《词义的分析和描写》(2006)、李福印《语义学概论》(2006)、徐志民《欧美语义学导论》(2008)等著作对语义场理论均有论述。

语义场理论是现代语义学研究的一项重要成果。尽管语言中的词汇数目巨大,但并不是杂乱无章,而是自成体系的;词与词之间也是相互影响、相互关联的。目前语言学界对该理论的评价基本是肯定和认同的,但仍有少数学者对此提出异议,徐烈炯提到:"从语言学的角度看,靠语义场理论来描述词义是很不够的。第一,这种理论虽然能使人发现词 $W_1$ 的意义变化,也可以发现 $W_1$ 和 $W_2$ 意义的划分,但是并不能明确地表明 $W_1$ 是什么意思,$W_2$ 是什么意思。第二,无法把词的意义和词组的意义、句子的意义联系起来,不能用它来全面处理语义现象。"[④] 也就是说语义场理论对语义系统的

---

① 参看伍谦光:《语义学导论》(修订本),长沙:湖南教育出版社,1988年,第94—97页。

② 参看徐烈炯:《语义学》(修订本),北京:语文出版社,1995年,第111—114页。

③ 参看张志毅、张庆云:《词汇语义学》(修订本),北京:商务印书馆,2005年,第61—84页。

④ 参看徐烈炯:《语义学》(修订本),北京:语文出版社,1995年,第108页。

研究还不够深入。而且在研究过程中也遇到了一些实际问题,如语义场划分的主观性、随意性较强。然而,当代语义学理论,如"并置理论"、"结构语义学"和"语义成分分析"等,都着重强调词与词之间的语义关系,"语义场"理论尤其如此。问题的关键并不在于语言中的词汇存在多少个语义场,语义场中有多少个成员,也不在于词和词之间到底有多少种关系。作为一种语言学理论,应该以解释语言系统为目标,因此,我们不仅需要运用语义场理论对词义系统进行描述,同时仍需进一步揭示语义场内部成员词义演变的动因和机制。

（二）认知语言学理论的研究与发展

用语义场理论研究词义使我们看到了词义系统性的一面,但我们至今仍无法对全部的词语作语义场的划分并进行义素的分析。发端于 20 世纪 70 年代的认知语言学理论为词义系统的研究提供了一个新的研究范式。两者的不同之处主要在于"结构主义语言学对词汇意义的研究更强调处于共时关系中词与词之间的意义关系。认知语言学的词义研究更加注重认知方式和认知过程对词义构成和词义变化的影响"①。

认知语言学认为词汇系统并非独立自主的,其背后还潜藏着一个概念系统,这个系统来自于人类对外部客观世界的经验和认知。蒋绍愚指出:"词汇的核心是词义,考虑词汇系统的问题还应从词义着眼。而词义是和人们对世界的认知紧密联系着的,所以,这个问题要从人们对世界的认知谈起。"②认知语言学强调从人的认知能力出发来解释词义演变的动因和机制,而且把语义的共时分析跟语义的历时演变结合起来,为词汇语义研究提供了新的视角。联系人的认知,从词义的内部结构来研究词汇系统及其发展变化,是一种初步的尝试。一个词的意义是在多种认知模式的基础上以不同的相关认知域为背景建构起来的认知结构。一个词的意义首先由一个可以直接理解的认知模式来定义,由此产生了词的基本意义或字面意义。再经过隐喻和转喻模式,一个词就可以衍生出用于不同认知域的而又有联

---

① 参看束定芳:《认知语言学》,上海:上海外语教育出版社,2000 年,第 76 页。
② 参看蒋绍愚:《两次分类——兼谈词汇系统及其变化》,原载《中国语文》1999 年第 5 期;又收入《汉语词汇语法史论文集》,北京:商务印书馆,2001 年,第 143 页。

系的义位。

认知语言学认为,人类认知客观世界时根据事物特征和认知规则对不同事物进行归纳分类,从而形成不同的认知域。从认知的角度来看,隐喻是源域(source domain)向目标域(target domain)结构的映现,是不同认知域中一个范畴向另一个范畴的语义延伸。转喻则是相接近或相关联的不同认知域中,一个突显事物代替另一个事物。因而它们具有意义的创造性,隐喻和转喻作为人们重要的认知方式,对词义的发展变化起到了重要的作用。

词义演变的认知分析就是要研究旧义与新义之间的概念结构关系,以及旧义演变为新义时存在的认知推理关系。旧义与新义之间的概念联系是在人类认知方式的影响下产生的(如原型范畴、理想化认知模式等),而新义的衍生过程以及被人们接受的过程是依靠联想、类推、范畴化等人类一般认知机制来完成的。认知语言学的原型理论、范畴化理论[①]以及理想化认知模式理论[②]对多义现象的产生机制以及多义词各义位之间的结构关系做出了一定的分析和解释。

语言的范畴化是认知语言学研究的焦点。根据认知语言学的研究,理想化认知模式(Idealized Cognitive Model,简称 ICM)也是形成一词多义的基础。ICM 主要包括命题模式、意象图式模式、隐喻模式和转喻模式,后三种模式能够有效地组织词语的多义结构,从认知上很好地解释新义与旧义之间的衍生关系。

总之,在认知理论框架中,原型理论、意象图式理论、隐喻模式以及转喻模式等对词义演变的动因和机制作出了一定的合理的解释。诚然,目前国外认知语义学的理论仍处于探索阶段,我们将其应用于对汉语的语言事实的研究中,可能会有学者对该理论提出异议,但它们仍然是认知语言学研究的一个重要成果,很值得我们学习和借鉴。

---

① 以 Taylor 为代表的认知语言学家将原型和范畴理论的主要观点应用于词汇的一词多义的分析和解释。Taylor J. R. *Linguistic Categorization*:*Prototypes in Linguistic Theory*(2nd Edition). Foreign Language Teaching and Research Press & Oxford University Press,2001,pp. 105—112.

② 以 Lakoff 为代表的认知语言学家认为,多义词的各个义项之间是由隐喻、转喻和意象图式联系起来的。Lakoff G. *Women*,*Fire*,*and Dangerous Things*:*What Categories Reveal about the Mind*. University of Chicago Press,1987,p. 379.

# 第二节　竺法护及其翻译佛经

## 一、竺法护简介

竺法护（约公元 3—4 世纪[①]），音译竺昙摩罗刹（亦作昙摩罗察，梵文 Dharmaraksa，意为法护）。南朝梁僧祐《出三藏记集》卷十三、慧皎《高僧传》卷一《译经上》有传。祖籍西域月支国，世代侨居敦煌郡（今甘肃敦煌）。法护八岁出家，师从外国高僧竺高座，根据当时出家人的流行惯例，竺法护采用了他师傅的姓氏"竺"（意为印度）作为法姓。竺法护自幼聪慧好学，博闻强识，曾博览儒家六经，钻研佛教经、律、论三藏，并不远万里拜师求学。

西晋武帝时，佛教只重视寺院建筑绘画之表面文章，而忽视佛教理论博大深厚之内蕴。法护有感于此，立下宏愿，决心远赴西域佛国，求得源头活水，于是随师父不远万里跋涉至西域。竺法护在西域各国游学多年，通晓三十六种语言文字，并搜集各种佛典，比对校勘，解经释义。后将自己搜集到的大量佛经原典运回中国。归途中，仍笔耕不辍，翻译佛经。《出三藏记集·竺法护传》记载："是时晋武帝之世，寺庙佛像虽崇京邑，而方等深经蕴在西域。护乃慨然发奋，志宏大道，遂随师至西域，游历诸国。外国异言三十六种，书亦如之，护皆遍学。贯综古训、音义字体无不备晓。遂大赍梵经，还归中夏。自敦煌至长安，沿路传译，写为晋文。"

竺法护及其追随者自晋武帝泰始二年到怀帝永嘉二年（公元 266—308年），共译出了一百五十余部佛经。从有记载的译经地点来看，其足迹遍及西域、敦煌、酒泉、凉州、长安、洛阳，其译经时间之久、数量之多，对当时的佛经翻译和传播产生了重大的影响。两晋译经之最，当推竺法护。这些经典的翻译与传播，扩大了佛教经典的内容，纠正了过去翻译的不足，成为可读的佛教范本，在当时及后世都影响巨大。他自己也被时人誉为"月支菩萨"

---

[①]　关于竺法护的生卒年月，目前学界并没有统一的观点，有学者据梁慧皎《高僧传》卷一："及晋惠（公元 290—306 年）西奔，关中扰乱，百姓流移，护与门徒避地东下，至渑池，遘疾而卒，春秋七十有八。"推论其生卒年月为公元 228—306 年，参看李尚全《"敦煌菩萨"竺法护的生平及其佛学思想》，《敦煌学辑刊》2004 年第 1 期。但这一论断在证据上稍嫌单薄，聊备一说。

和"敦煌菩萨"。竺法护以自己的躬身践行实现了其弘扬佛法的宏愿,最后圆寂于河南渑池时,已届七十八岁高龄。

竺法护"精勤行道,于是德化四布,声盖远近,僧徒千数,咸来宗奉"。据文献记载,当时聚集在他身边协助译经的有精通中国传统文化的聂承远、聂道真父子,精通西域各族语言文化且大都出身于月支族的译经助手帛元信、法乘、法宝、法行、法存、法首、法立、法炬、法度、支晋、支晋宝等,以及竺法护的嫡传弟子竺法承、竺法首、张玄伯、孙休达、陈士伦、孙伯虎、虞世雅等一批徒众。竺法护的这种相对大规模的译经活动,极大地推动了佛经典籍的群众化和社会化,对后世兴起的大规模官办译经场也有筚路蓝缕之功。

## 二、竺法护译经及其语言价值

竺法护译经的数量极大。东晋道安《综理众经目录》称有一百五十部;南朝梁僧祐《出三藏记集》记为一百五十九部三百零九卷,并称其中九十五部存,六十四部佚;《历代三宝记》卷六载为二百一十部三百九十四卷;《开元释教录》卷二考订为一百七十五部三百五十四卷,称其中九十一部存,八十四部佚,计存凡九十一部二百零八卷。据今人吕澂重新对勘,竺法护译经只有七十四部一百七十七卷,此外还有十部误题为他人译的经书:《无量清净平等觉经》二卷、《般若三昧经》一卷,上两种旧题支娄迦谶译;《舍利弗悔过经》一卷、《温室浴洗众僧经》一卷、《迦叶结经》一卷、《㮈女耆域因缘经》一卷、《大六向拜经》一卷,上五种旧题为安世高译;《舍利弗摩诃目犍连游四衢经》一卷,旧题康孟祥译;《梵网六十二见经》一卷、《贝多树下思惟十二因缘经》一卷,上两种旧题支谦译。现代学者对此也有不同说法,如郭朋在《中国佛教简史》和《汉魏两晋南北朝佛教》二书中都认为竺法护译经数量是一百五十五部三百一十一卷;方广锠在《〈开元释教录·入藏录〉复原拟目》中认为竺法护全部的译经有八十八部二百一十二卷;俞理明则在《佛教文献语言》一书中认为竺法护的译经数量当为九十四部二百零二卷。吕澂《新编汉文大藏经目录》(1980)记载竺法护翻译佛经共八十六部,其中有十二部"后误"为他人所译。本书参照吕澂的意见,将研究对象限定为《新编汉文大藏经目录》所确认的七十四部一百七十七卷竺法护译经。

至于竺法护的译风,则是忠实于原本而不厌详尽,改变了前代译者随意删略、译文文质相离的缺陷,而是力求尊重原文,畅达佛理,同时采用了大量当时的俗语、口词词汇,善用复音词和四字格,给人语言洗练、辞质胜文、生动易懂的印象,受到了当时社会大众的欢迎,从而对后世译经的风格产生了重大影响。[①]

关于佛经语料的研究价值,时人前贤多有论述,学术界也已达成共识,肯定了其在汉语史研究中的重要价值。汪维辉曾指出:"判定一种语料的价值高低,不外乎这么几条标准:一是反映口语的程度;二是文本的可靠性,包括时代和作者是否明确,所依据的版本是否最接近原貌;三是反映社会生活的深广度;四是文本是否具有一定的篇幅。"[②]我们认为,竺法护译经是符合上述条件的。

## 三、有关竺法护译经的研究

### (一)单篇论文

陈国灿《吐鲁番出土的〈诸佛要集经〉残卷与敦煌高僧竺法护的译经考略》(1983)根据吐鲁番出土的《诸佛要集经》残卷经尾跋语所提到的"月支菩萨法护手执"考证了竺法护译经的情况,主要包括竺法护在不同时期、不同地点所译的佛经的名称、卷数以及助译者的名称,考证甚详。

葛维钧《从〈正法华经〉看竺法护的翻译特点(上)》、《从〈正法华经〉看竺法护的翻译特点(下)》(1986)以竺法护译《正法华经》为例,探讨了竺法护的译经风格及其形成原因,肯定了吕澂的观点,"忠于原本而不厌详尽,一改从前译家随意删略的偏向",认为竺法护的翻译风格基本倾向是直译,是带有某些意译成分的直译。文章还分析了竺法护译经中的一些缺陷。

胡湘荣《鸠摩罗什同支谦、竺法护译经中语词的比较》、《鸠摩罗什同支谦、竺法护译经中语词的比较(续)》(1994)选取了东吴的支谦、西晋的竺法护、后秦的鸠摩罗什的十一部翔实可靠的佛经为研究对象,对其中一些词语

---

① 有关竺法护翻译佛经的特点,可参看吕澂:《中国佛学源流略讲》,北京:中华书局,1979 年,第 297—300 页。

② 参看汪维辉:《〈周氏冥通记〉词汇研究》,载《中古近代汉语研究》(第一辑),上海:上海教育出版社,2000 年。

进行了比较研究。

杨绳信《竺法护其人其事》(1996)介绍了竺法护的生平及其译经活动，重点考证了他的译经地点——青门外大寺。

梅乃文《竺法护的翻译初探》(1996)主要探讨了竺法护传记中与其译经相关的问题以及经典译经中的一些问题。

刘曼丽《竺法护译经数量及时间考》(2000)探讨了竺法护译经的数量，认为《开元释教录》所记载竺法护"共译出一百七十五部三百五十四卷"是可取的，订正了一些译经的时间上的错讹。

黄国清《竺法护译〈正法华经〉"自然"译词析论》(2001)通过梵汉对比探讨了竺法护译经《正法华经》中"自然"一词词性、词义等问题。文章认为，《正法华经》中的"自然"，词性可分形容词、副词和名词。在词性的判断上，如能参阅梵本，对词性的确定会有所帮助；用作形容词和副词的"自然"，多数无法在现存梵本中找到对应词语，推测是译家为满足四字一顿的译文风格所采取的添译。

李岩云《"敦煌菩萨"竺法护》(2001)简单介绍了竺法护生平及译经活动。

李尚全《"敦煌菩萨"竺法护的生平及其佛学思想》(2004)对佛教史上长期争论的竺法护的生卒年问题进行了考证，得出其生年为公元228年，卒年为公元306年。文章将竺法护的一生分三个阶段：学僧时代(236—265年)、译经时代(266—290年)、草创关河学派时代(290—306年)，介绍了竺法护翻译佛经和创立学派的过程；论述了他的佛学思想及其在中国佛教史上的地位。

曹荣芳《竺法护译词对〈汉语大词典〉的补正作用》(2008)选取了竺法护译经中的21个词，从增加词目、补充义项、完善释义和书证提前等几个方面分析它们对《汉语大词典》释义的补正作用。

罗智丰《竺法护译经语言风格刍议》(2008)以竺法护的代表性译经《生经》为例，对竺法护译经的语言风格进行详细分析，其语言风格主要体现为：第一，非散非韵的特殊文体；第二，复音词极为丰富；第三，善用比喻；第四，语言质朴传神；第五，出色的叙事艺术。

王惠民《竺法护"世居敦煌"辨析》(2008)认为竺法护并非"世居敦煌"而被称为"敦煌菩萨"，他是天竺人，从西域来到敦煌，"因居敦煌"而有"敦煌菩萨"之称。

陈春风、张涛《中古佛经词语在大型语文辞书编纂上的价值——以西晋竺法护译经为例》(2008)以竺法护译经和《汉语大词典》为例探讨了中古佛经词语在大型语文辞书编纂上的价值,具体表现在增补词条、提前书证、补充义项、修正释义四个方面。

(二)学位论文

汪祎《中古同经异译佛典词汇比较研究——以竺法护和鸠摩罗什译经为例》(2005)选取了西晋竺法护和姚秦鸠摩罗什译经中的四部同经异译的佛经进行词汇方面的比较研究,以确定某些词的含义和经文校勘,还尝试对失译经、疑伪经进行鉴别。

曹荣芳《从常用词看竺法护译经的词汇特点》(2006)选取了竺法护译经中具有相同意义的六组常用词:表示穿戴义、表示怀孕义、表示睡觉义、表示容貌长相义、表示病愈义、表示观看义,从共时描写与历时分析相结合的角度进行了个案研究,进而探讨了竺法护译经词汇的特点。

方凤兰《竺法护译经复音介词研究》(2008)选取了竺法护译经中 35 个复音介词作为研究对象,分析了这些介词的使用概貌、特点、词序等问题,并与《世说新语》中的复音介词系统进行了比较。

梁富国《竺法护与鸠摩罗什入华传教比较研究》(2008)从几个方面比较了竺法护和鸠摩罗什的入华传教活动。这几个方面包括:入华前的客观背景及主体因素比较、在华弘法活动之比较、在华传教的成果及影响。

# 第三节 研究意义、范围、方法、步骤及目标

## 一、研究意义

(一)常用词研究的意义

汉语词汇史领域所谓的常用词是指"那些自古以来在人们的日常生活中都经常会用到的、跟人类活动关系密切的词"[①],"具体说是指那些代表词

---

① 参看汪维辉:《东汉—隋常用词演变研究》,南京:南京大学出版社,2000 年,第 11 页。

汇的核心而其发展变化可以决定词汇发展面貌的词"①。

常用词研究对汉语词汇史的研究意义重大。蒋绍愚指出:"常用词是词汇的主体,如果不弄清常用词在近代汉语时期的发展变化,那么,要描写一个时期的词汇系统和近代汉语词汇发展史,就是无从谈起的。"②这里虽然是说近代汉语常用词研究的重要性,但对整个汉语史常用词研究都有指导意义。张永言、汪维辉也曾指出:"不对常用词作史的研究,就无从窥见一个时期的词汇的面貌,也无从阐明不同时期之间词汇的发展变化,无以为词汇史分期提供科学的依据。"③因此,常用词的研究是汉语词汇研究的重心。追溯并细致深入地分析汉语常用词产生及发展的历史,探讨其演变的内在规律,不仅是汉语词汇史研究的重要任务,更直接关系到科学完整的汉语词汇史的建立。本书所选的视觉、听觉、嗅觉、味觉、触觉等五组感觉动词是常用词的重要组成部分,其意义和用法比较复杂,有其自身的特性。研究这部分动词有利于从一个侧面考察汉语词汇从古到今的发展历程,探寻词汇发展演变的基本规律。

## (二) 以语义场为单位研究汉语词汇的必要性

上文已经谈到,根据结构主义语言学理论,一个词(义位)保存在词汇系统中,取决于它的存在价值。这种价值是由它与别的相关词(义位)之间的区别性特征或对立性特征显示的。索绪尔说过:"在同一种语言内部,所有表达相邻近的概念的词都是互相制约着的。"④可见,研究汉语词汇史,必须研究词(义位)与词(义位)之间的关系。一种语言是由千百个不同层次的语义场组成的概念整体网络系统,进行"概念—语义系统"的研究是汉语词汇研究中的一项重要任务。

目前,汉语词汇研究已经从原子观推进到整体观,从孤立、分散、局部的研究推进到系统的研究,以语义场为单位来研究汉语词汇,能够从宏观角度系统地、整体地考察汉语词汇的发展演变,是顺应这一总的趋势的。正如李

---

① 参看李宗江:《汉语常用词演变研究》,上海:汉语大词典出版社,1999 年,第 3 页。

② 参看蒋绍愚:《近代汉语研究概要》,北京:北京大学出版社,2005 年,第 298 页。

③ 参看张永言、汪维辉:《关于汉语词汇史研究的一点思考》,《中国语文》1995 年第 6 期。

④ 转引自 Saussure. *Course in General Linguistics*. Foreign Language Teaching and Research Press & Gerald Duckworth & Co. Ltd,Reprinted 2001.

宗江所说的:"以概念场(语义场)为单位的研究在常用词演变研究中应占据中心位置,无论就汉语科学的词汇史的建立,还是有利于词汇教学以及汉语词汇理论体系的建立都有十分重要的意义。"①

## 二、研究范围

论文的研究范围是"感觉类动词语义场"。感觉是客观事物直接作用于人的感觉器官,在人脑中所产生的对事物的个别属性的反映。心理学上将人的感觉分为外部感觉和内部感觉,外部感觉包括视觉、听觉、嗅觉、味觉和皮肤觉(我们通常称为触觉),内部感觉包括运动觉、平衡觉和机体觉。我们所说的"感觉动词"中的"感觉"主要是针对外部感觉而言的,"感觉类动词"是指描写人体外部器官同外部事物接触并进行感知的过程中所发生的动作的一类动词。视觉动词如:看、视、观、望等;听觉动词如:听、闻等;味觉动词如:品、尝、味等;嗅觉动词如:嗅、闻等;触觉动词如:触、摸等。这些词共同构成了一个感觉类动词语义场,都将纳入我们的研究范围。

在研究的过程中,我们除了考察感觉动词表示感觉动作的义位以外,还考察一些与感觉动作密切相关的义位,这样做主要是为了理清词义发展演变的思路,把握整个词义系统发展演变的脉络。

### (一)译经材料

本书选用的竺法护译经材料,基本依据吕澂《新编汉文大藏经目录》的考证结果。②《新编汉文大藏经目录》中共记载竺法护翻译佛经八十六部,其中有十二部"后误"为他人译,其中确认无误的有七十四部一百七十七卷。本书就选择这七十四部佛经作为语料③,字数将近一百六十万。具体经目如下④:

---

① 参看李宗江:《汉语常用词演变研究》,上海:汉语大词典出版社,1999年,第74页。
② 参看吕澂:《新编汉文大藏经目录》,济南:齐鲁书社,1980年。
③ 另外十二部尽管有可能是竺法护所译,但毕竟存在一定争议,稳妥起见,我们只选择这七十四部作为语料。
④ 吕澂《新编汉文大藏经目录》中所列经目名称与《大藏经》中的名称并非完全一致,如《普门品经》在《大藏经》中作《佛说普门品经》,为保持前后一致,此处所列经目一律采用《大藏经》中的名称。

## 经藏

### 宝积部（三十四部）

《密迹金刚力士会》七卷；　　　　《诸佛要集经》二卷；

《宝髻菩萨会》二卷；　　　　　　《佛说文殊师利现宝藏经》二卷；

《佛说普门品经》一卷；　　　　　《佛说大净法门经》一卷；

《佛说胞胎经》一卷；　　　　　　《佛说四不可得经》一卷；

《文殊师利佛土严净经》二卷；　　《佛说阿惟越致遮经》四卷；

《郁伽罗越问菩萨行经》一卷；　　《菩萨行五十缘身经》一卷；

《佛说幻士仁贤经》一卷；　　　　《持人菩萨经》三卷；

《佛说须摩提菩萨经》一卷；　　　《顺权方便经》二卷；

《佛说阿阇贳王女阿述达菩萨经》一卷；　　《佛说月光童子经》一卷；

《佛说离垢施女经》一卷；　　　　《佛说大方等顶王经》一卷；

《佛说如幻三昧经》一卷；　　　　《佛说梵志女首意经》一卷；

《慧上菩萨问大善权经》一卷；　　《佛说龙施菩萨本起经》一卷；

《弥勒菩萨所问本愿经》一卷；　　《佛说心明经》一卷；

《大哀经》七卷；　　　　　　　　《持心梵天所问经》六卷；

《宝女所问经》四卷；　　　　　　《佛说须真天子经》二卷；

《佛说无言童子经》一卷；　　　　《佛说魔逆经》一卷；

《阿差末菩萨经》四卷。　　　　　《佛说海龙王经》四卷；

### 般若部（七部）

《光赞经》十卷；　　　　　　　　《无极宝三昧经》一卷；

《等集众德三昧经》三卷；　　　　《佛说无希望经》一卷；

《文殊支利普超三昧经》四卷；　　《佛说决定总持经》一卷；

《佛说弘道广显三昧经》四卷。

### 华严部（十一部）

《菩萨十住经》一卷；　　　　　　《佛说灭十方冥经》一卷；

《渐备一切智德经》五卷； 《佛说宝网经》一卷；

《等目菩萨所问三昧经》二卷； 《佛说方等般泥洹经》二卷；

《佛说如来兴显经》四卷； 《正法华经》十卷；

《度世品经》六卷； 《佛说济诸方等学经》一卷；

《贤劫经》七卷。

### 阿含部（七部）

《佛说圣法印经》一卷； 《所欲致患经》一卷；

《佛说鸯掘魔经》一卷； 《佛说大迦叶本经》一卷；

《佛说琉璃王经》一卷； 《佛说四自侵经》一卷；

《佛说力士移山经》一卷。

## 律藏

### 律部（十四部）

《佛说文殊悔过经》一卷； 《生经》五卷；

《佛说文殊师利净律经》一卷； 《佛说普曜经》八卷；

《佛说当来变经》一卷； 《佛说如来独证自誓三昧经》一卷；

《佛说太子墓魄经》一卷； 《佛升忉利天为母说法经》二卷；

《佛说德光太子经》一卷； 《佛五百弟子自说本起经》一卷；

《佛说过去世佛分卫经》一卷； 《舍头谏太子二十八宿经》一卷；

《鹿母经》一卷； 《佛说乳光佛经》一卷。

### 论藏（一部）

《修行道地经》七卷。

### （二）中土文献

中土文献方面，根据"口语性强、典型性、年代著者准确"的标准，每个时期选取有代表性的作品若干部。

先秦选用《春秋》、《左传》、《论语》、《国语》、《孟子》、《庄子》、《荀子》、《韩非子》、《战国策》九部典籍,总计约 88.5 万字。

两汉选用《淮南子》、《史记》、《盐铁论》、《说苑》、《法言》、《汉书》、《论衡》、《潜夫论》、《风俗通义》九部典籍,总计约 225 万字。

魏晋选用《阮籍集》、《嵇康集》、《三国志》、《博物志》、《陆机集》、《陆云集》、《搜神记》、《抱朴子》、《神仙传》、《后汉纪》、《陶渊明集》十一部典籍,总计约 160 万字。

### 三、研究方法

#### (一) 共时和历时相结合的方法

我们对竺法护译经中的词汇语义进行研究时须使用共时和历时相结合的方法。首先需要细致描写感觉语义场的成员在竺法护译经中的共时分布状况,而在对感觉语义场内某一多义词语的微观词义系统进行研究时,我们须从历时的角度追溯其发展演变情况。

从共时平面研究感觉类动词语义场,通过对某一语义场的考察,一方面可以探究一个词语同语义场内其他成员在意义用法上的聚合关系;另一方面可以探究这个词语同本场成员以及其他语义场成员的组合关系,从而描绘出竺法护译经中感觉类动词语义场的词汇面貌。

#### (二) 形式和意义相结合的方法

形式与意义相对,是指对语言的语法所作的抽象描写,本书较具体的含义是指语言单位的语法和词汇特点。判断语法的主要标准是语法意义,即该语言单位在句中的分布。在同一个语义场中,各成员的形式差异必然同时可以反映出其意义的差异,反之亦然。因此,本书把形式和意义结合起来,并以此为标准确定所有感觉类动词成员的归属和分类。

#### (三) 描写和解释相结合的方法

首先对竺法护译经中的感觉类动词语义场进行共时的词汇描写,然后对这些共时平面中的语义场成员进行历时的考察,并结合认知语义学的相关理论,对多义词演变的机制与动因做出解释。

## （四）定量分析与定性分析相结合的方法

定量分析是"汉语研究史中'例不十，不立法'传统的继承与光大"，"所谓定量方法，就是将处于随机状态的某种语言现象给予数量统计，然后通过频率、频度、频度链等量化形式来揭示这类随机现象背后所隐藏的规律性"①。近些年来，随着计算机技术的推广，这一方法迅速得到普及，其重要性也越来越引起学者们的重视。"如果不作定量分析，就很难把握住汉语诸要素在各历史时期的性质及其数量界限。我们的断代描写和历时研究也必然要陷在朦胧模糊的印象之中。从随意引证到定量分析，是古汉语研究为走向科学化而迈出的重要一步。"②定量分析能够为我们提供某一个词的历史演变的有力证据，从而做到科学的定性分析，保证结论的可靠性。

## （五）比较的方法

向熹指出："比较的方面很广，可以是古代汉语与现代汉语的比较，这一时期语言和那一时期语言的比较，古代汉语与现代方言的比较，古代汉语与兄弟民族语言的比较，古代汉语与外语的比较，两种（或几种）作品语言的比较。比较的结果有同有异。从相同的方面可以看到两者因袭继承，从相异的方面可以看到两者的发展演变。异同之中又不一致，或大同而小异，或小同而大异，或同中有异，或异中有同，都值得认真探讨。"③

我们在对竺法护译经感觉类动词的词汇系统进行研究的过程中，希望通过比较竺法护译经和同时期中土文献中的同类用例和同类现象，发现它们的相同性和不同性，从而得出一些有益的结论。

## 四、研究步骤

（一）根据本书的研究目的，从竺法护译经中选取研究对象，确定研究

---

① 参看苏新春：《汉语词汇定量研究的运用及其特点——兼谈〈语言学方法论〉的定量研究观》，《厦门大学学报》（哲学社会科学版）2001年第4期。

② 参看苏新春：《汉语词汇定量研究的运用及其特点——兼谈〈语言学方法论〉的定量研究观》，《厦门大学学报》（哲学社会科学版）2001年第4期。

③ 参看向熹：《简明汉语史》（修订本），北京：商务印书馆，2010年，第6页。

的语义场,完成语义场内成员的初步分类。

（二）根据语义场理论,对每一个语义场的成员在竺法护译经中的使用情况进行共时描写和分析。

（三）考察和描写共时材料,确定共时系统。

**1. 考察竺法护译经材料**

通过对竺法护译经材料的检索、判断和归纳比较,运用统计法、分析法对译经材料进行考察。在此基础上,再运用共时比较法、描写归纳法等方法对译经材料进行描写,以确定各感觉动词语义场在竺法护译经中的共时系统。

**2. 考察先秦至魏晋不同时期中土文献的共时材料**

运用上述方法对不同时期的中土文献材料进行考察,描述各感觉动词语义场在不同时期中土文献中的共时系统。

（四）比较不同类型及不同时期文献中的系统,探求其历时演变的轨迹。

运用比较法对不同类型及不同时期文献中的语义场进行分析和比较,以考察其演变的轨迹。

（五）分析演变原因,总结演变特点。

## 五、研究目标

我们将研究题目定为"竺法护译经感觉类动词语义场研究",综合起来看,本书的研究目标主要有:

（一）通过对译经文献用例的统计和调查分析,描写各感觉动词语义场在竺法护译经中的的系统属性。

（二）初步描写各感觉动词语义场在先秦至魏晋的历时演变情况。

（三）综合上述研究成果,比较不同类型及不同时期文献各感觉动词语义场的异同,应特别注意演变过程中各成员的语义特征及其分布在不同历史时期的变化。①

（四）在此基础上,尝试探求汉语词汇系统的内部结构和控制机制,总结汉语语义场历史变化过程中的特点,并尝试分析语义场历史演变的原因。

---

① 分布是指一个语言单位可以出现的全部上下文或语言环境。按分布理论,每个语言单位各有其特有的分布。参看 David Crystal. *A Dictionary of Linguistics and Phonetics*, blackwell publishing, p. 155.

# 第二章　竺法护译经视觉动词语义场研究(上)

本章主要研究竺法护译经中的视觉动词语义场,这里所说的"视觉动词"主要是表示和"观看"动作相关的动词。我们所说的"观看"是指"以视线接触人或事物"。所以,该语义场也就是通常被称为的"观看"动词语义场,竺法护译经视觉动词语义场中共包含 18 个成员:"看"、"视"、"睹"、"顾"、"观"、"见"、"觐"、"窥"、"览"、"临"、"眄"、"睥"①、"睨"、"省"、"望"、"相"、"眴"、"瞻"。本章将对整个语义场进行共时和历时的描写分析,并与同时期中土文献中的视觉动词语义场进行比较研究。②

## 第一节　竺法护译经视觉动词语义场描写

### 一、竺法护译经视觉动词语义场成员的使用频率及义位分布

表一中列举了竺法护译经视觉动词语义场中 18 个成员的使用频率及其义位分布情况。表中所归纳的义位,是它们在该语义场中的义位,具体到每个动词,其个别义位已经不属于该语义场范围之内,暂不列入表内,而是将其放在共时描写的分析中。

---

① "睥"在我们调查的所有语料中只能与"睨"搭配使用,很难算作一个单独的成员,但是"睨"却可以,为了便于研究,我们仍将"睥"单独列举。

② 关于视觉类动词的研究,任学良《〈古代汉语·常用词〉订正》(第 53—54 页)分析了"看、视"两个词;汪维辉《东汉—隋常用词演变研究》分析了"视/看"的历时更替;王凤阳《古辞辨》(第 735—743 页)中辨析了 11 组 39 个表示"目动"的词语,其中大部分为视觉动词;王政白《古汉语同义词辨析》(第 200—208 页)分析了 3 组 12 个视觉动词之间的差别。这些成果为我们的研究提供了很好的借鉴。

表一①:

| 义位分布 | 看 | 视 | 睹 | 顾 | 观 | 见 | 觑 | 窥 | 宽 | 临 | 眄 | 睥 | 睨 | 省 | 望 | 相 | 眴 | 瞻 |
|---|---|---|---|---|---|---|---|---|---|---|---|---|---|---|---|---|---|---|
| **用例** | 4 | 369 | 1298 | 33 | 2252 | 6288 | 78 | 2 | 7 | 92 | 15 | 1 | 1 | 137 | 22 | 3 | 38 | 124 |
| **万字使用率** | 0.03 | 2.32 | 8.16 | 0.21 | 14.16 | 39.55 | 0.49 | 0.01 | 0.04 | 0.58 | 0.09 | 0.01 | 0.01 | 0.86 | 0.14 | 0.02 | 0.24 | 0.78 |
| 看 | + | + |  |  | + |  |  |  | + |  |  |  |  | + |  |  |  | + |
| 仔细看 |  |  | + |  | + |  |  |  |  |  |  |  |  | + |  |  |  | + |
| 回头看 |  |  |  | + |  |  |  |  |  |  |  |  |  |  |  |  |  |  |
| 向上看 |  |  |  |  |  |  |  |  |  |  |  |  |  |  |  |  |  |  |
| 向下看 |  |  |  |  |  |  |  |  |  |  |  |  |  |  |  |  |  |  |
| 远望 |  |  |  |  |  |  |  |  |  | + |  |  |  |  |  |  |  |  |
| 阅读 |  |  |  |  | + |  |  |  |  |  |  |  |  |  | + |  |  |  |
| 斜视 |  |  |  |  |  |  |  |  |  |  | + | + | + |  |  |  |  |  |
| 偷看 |  |  |  |  |  |  | + | + |  |  |  |  |  |  |  |  |  |  |
| 相面 |  |  |  |  |  |  |  |  |  |  |  |  |  |  |  | + |  |  |
| 看见 |  |  |  |  |  | + |  |  |  |  |  |  |  |  |  |  |  |  |
| 看待 |  | + |  |  |  |  |  |  |  |  |  |  |  |  |  |  |  |  |
| 看病 |  | + |  |  |  |  |  |  |  |  |  |  |  |  |  |  |  |  |
| 看护 |  | + |  |  |  |  |  |  |  |  |  |  |  |  |  |  | + |  |
| 拜见 |  |  |  |  |  |  |  |  |  |  |  |  |  |  |  |  |  | + |

① 表中所用"万字使用率"是指某一词语在每一万字文献中出现的频率,使用该数据便于在字数不同的语料中相互比较。

## 二、竺法护译经视觉动词语义场成员的共时描写

### (一) 看

竺法护译经中的"看"只有一个义位,即"看,用视线接触人或事物"。共4 例。如:

> 拔济四大,寂灭诸入,不知法者,以时观**看**。(《度世品经》卷五,10/646/a)[①]

> 窗牖显明,视瞻四顾,于斯窥**看**,不可得常。(《正法华经》卷二,263/76/c)

"看"本义为以手加额遮目而望。《说文·目部》:"看,睎也。从手下目。"(72 下)[②]徐锴《说文解字系传》:"以手翳目而望也。"(65 下)[③]桂馥《说文解字义证》:"凡物见不审,则手遮目看之,故看从手下目。"(280 上)[④]从字形分析的角度来看,"看"表示的是"观看"的一种方式,当属于"观看"语义场中的一个下位义,但是在竺法护译经视觉动词语义场中的"看"已经可以表示"以视线接触人或事物"的上位义了。"看"的最早用例并非表示"以手加额遮目而望"或者"用视线接触人或事物"的意义,而是"探望"义。此义早在先秦文献中已见用例,如《韩非子·外储说上》:"梁车为邺令,其姊往**看**之。"(308)[⑤]到了中古时期,"看"已经可以表示"观看"语义场中的上位义了。

### (二) 视

"视"在竺法护译经视觉动词语义场中共有 369 个用例,有以下几个

---

① 　本书征引的竺法护译经中的例句,均出自《大正新修大藏经》,例句后分别标出经名所在卷、册数、页数和栏数(a 表示上栏,b 表示中栏,c 表示下栏),如"《度世品经》卷五,10/646/a"表示"《度世品经》第五卷,《大正新修大藏经》第 10 册,646 页下栏",以后各例同,不再出注说明。

② 　(东汉)许慎著,北宋徐铉校定:《说文解字》,北京:中华书局,1963 年。本书写作,存在同一文献多次引用的现象。为避繁杂,该文献第一次出现时详列版本说明,重复出现时只随文附注页码,不再出注说明。

③ 　(南唐)徐锴:《说文解字系传》,北京:中华书局,1987 年。

④ 　(清)桂馥:《说文解字义证》,北京:中华书局,1987 年。

⑤ 　(清)王先慎著,钟哲点校:《韩非子集解》,北京:中华书局,1998 年。

义位：

1. 看，用视线接触人或事物。如：

女谓目捷连："怛萨阿竭——持三昧，**视**见恒沙中数人民意念所趣向，何况是星宿？"(《佛说阿阇贳王女阿述达菩萨经》卷一，12/86/a)

譬如假喻，有眼之人，上高楼阁，从上**视**下，悉见所有人民行来出入进退，居止屋舍。(《生经》卷二，3/81/b)

2. 观察、考察。

汝等如是，欲往试佛坏其道意，**视**其举动，取其长短。(《生经》卷三，3/90/b)

3. 看待。

意强多愍爱，**视**人如赤子。(《贤劫经》卷一，14/5/b)

又有四德：**视**民如子，民奉犹父。(《生经》卷四，3/98/b)

4. 看病。

天帝释答曰："向者世尊说，此比丘本不瞻人，不**视**疾病，孤独无救。"(《生经》卷三，3/90/a)

5. 照料、看护。

将护**视**之，无有思想，亦无音响。(《大哀经》卷六，13/440/b)

6. 计量、考虑。①

如是阿难，如来至真等正觉，以此之故叹立菩萨，则为持信，计**视**此义，善权方便而开导之。(《佛说阿惟越致遮经》卷一，9/203/c)

不受五欲，众恶自灭，念计分明，思**视**无为。(《普曜经》卷六，3/521/c)

"视"本义为看。《说文·见部》："视，瞻也。"(177下)段玉裁注："《目部》

---

① 这个义位只是在上下文语境中产生的临时用法，"视"因"计"而得义，类似的搭配还有"思视"。严格意义上很难算作一个义位，为了描写全面，我们姑且将其看作独立的义位。

曰:'瞻,临视也。'视不必皆临,则瞻与视小别矣。浑言不别也。"(407下)①从先秦开始,"视"已经表示"看"的意思了,沿用至中古,是"观看"语义场中的上位词之一。

（三）见

竺法护译经中的"见"共有6288个用例,使用频率最高,有两个义位:
1.看见、看到。

　　一心精进,自归命者,世世端正,颜貌无比,见莫不欢。(《正法华经》卷十,9/129/b)

2.拜见。

　　普诣十方,见诸如来,听所说经,入佛道场。(《度世品经》卷三,10/632/b)

《说文·见部》:"见,视也。"(177下)段玉裁注:"析言之,有视而不见者、听而不闻者。浑言之,则视与见、闻与听一也。"(407下)"见"的最常用义是表示"看"的结果"看见、看到"。

（四）观

竺法护译经中的"观"共有2252个用例,有以下三个义位:
1.仔细看、观察。

　　于时颂曰:"在世行大哀,观察于众生,……以开化众生。"(《度世品经》卷一,10/621/b)

2.观看。

　　其眼未曾观见于耳,其耳亦不观见于眼。(《佛升忉利天为母说法经》卷一,17/789/b)

3.照料、看护。

　　常以行喜,和颜悦色,以法乐之,依蒙观护,救众堕害。(《贤劫经》

---

① (清)段玉裁:《说文解字注》,上海:上海古籍出版社,1998年。

卷一,14/4/a)

"观"的本义是"仔细看,观察"。《说文·见部》:"观,谛视也。"(177 下)段玉裁注:"审谛之视也。"(408 上)

（五）睹

竺法护译经中"睹"的用例共有 1298 例。主要有以下几个义位:

1. 看见。

身着绛衣被,**睹**之心欢喜,为之浣衣服,复为缝袈裟。(《佛五百弟子自说本起经》卷一,4/199/b)

诸天欢喜者,曾见过去佛,**睹**水之所在,宫殿则清明。(《佛说如来兴显经》卷一,10/597/b)

住是定意时,则便观**睹**一切三昧,诸定意顶,是谓观顶三昧。(《光赞经》卷六,8/190/c)

2. 观察。

所说经法,**睹**察报应,清净亿千,即生欢喜。(《正法华经》卷八,9/121/b)

游行观四方,五通为骖驾,彻视洞听飞,**睹**本见众心,游观度生死。(《佛说普曜经》卷八,3/535/b)

入于如来无畏精进,探**睹**众生一切诸根,皆以信于真谛解脱。(《佛说如来兴显经》卷一,10/594/a)

3. 显示。

吾是故阿难,论讲于往来,为少智之人,**睹**示所兴念。(《佛说阿惟越致遮经》卷一,9/207/b)

其明若兹,**睹**现功勋,通入积功。(《渐备一切智德经》卷五,10/494/c)

4. 通晓。

聪明智慧,综练三经,通达五典,上知天文,下**睹**地理。(《生经》卷一,3/75/a)

如审悉知,心**睹**五趣一切本际,诸漏已尽无有尘垢。(《等集众德三昧经》卷一,12/974/b)

"睹"的本义是"看见"。《说文·目部》:"睹,见也。"(72上)如《礼记·礼运》:"以天地为本,故物可举也。以阴阳为端,故情可**睹**也。"(1424下)[①]《史记·伯夷列传》:"余悲伯夷之意,**睹**轶诗可异焉。"(2122)[②]这一义位包含了"看"及看的结果"见",故有成语"熟视无睹"。

(六)顾

"顾"在竺法护译经中共出现93次,用在本语义场中有33例。主要有以下几个义位:

1.回头看。

于是鹿母出猔得去,且**顾**且驰到其子所,低头嗅子舐其身体。(《鹿母经》卷一,3/455/c)

儿客仆使趋行骑视,**顾**影而步,轻蔑众人,计己无双。(《佛说四不可得经》卷一,17/706/c)

宝英氏,决狐疑,师子**顾**,至安隐。(《贤劫经》卷六,14/46/c)

2.环视。

菩萨遍观**顾**视其妻,具见形体,发爪脑髓,骨齿触髅,皮肤肌肉。(《普曜經》卷四,3/504/c)

3.反省。

尔时有诸天人,即起欲去不得自在,**顾**省其父知之觉起,立启。(《普曜經》卷三,3/503/c)

4.顾惜、眷念。

复循令言:"谁不爱身、不嫪父母、不**顾**妻子者,当共入海,采求珍宝。"(《正法华经》卷五,9/94/c)

---

① 《十三经注疏·礼记正义》(附校勘记),北京:中华书局,1980年。
② (西汉)司马迁:《史记》,北京:中华书局,1959年。

所可作为不追悔,弃法财反不**顾**念,一舍所亲不思之,未曾还变亦不伏。(《修行道地经》卷二,15/193/a)

5.照顾、照料。

唯念二亲,不自**顾**身,获大光珠,名曰照明,即往奉父。(《修行道地经》卷六,15/225/b)

"顾"的本义为回头看。《说文·页部》:"顾,还视也。"(182 下)先秦文献中就已见此义之用例。如《诗·桧风·匪风》:"**顾**瞻周道,中心怛兮。"毛传曰:"回首曰顾。"(383 上)①汉代以后仍然沿用,如《史记·廉颇蔺相如列传》:"相如**顾**召赵御史书曰:'某年月日,秦王为赵王击缶。'"(2442)

(七)觐

"觐"在竺法护译经中共出现 78 次,有两个义位:

1.看见。

子**觐**长者色像威严,怖不自宁,谓是帝王若大君主,进退犹豫不敢自前,孚便驰走。(《正法华经》卷三,9/80/b)

2.拜见。

时诸沙弥,**觐**瞻大圣,在于静室,而不出游,开化人民,无数亿千。(《正法华经》卷四,9/93/c)

观一切功勋,以得**觐**尊颜,怀悦豫无量。(《持人菩萨经》卷二,14/629/c)

于时梵志,仰瞻天文,下察地理,知已嗣立,即诣宫门求**觐**。(《生经》卷一,3/77/b)

"觐"本义指"诸侯秋季朝见天子"。《说文·见部》:"诸侯秋朝曰觐,劳王事。"(178 下)《诗·大雅·韩奕》:"四牡奕奕,孔修且张。韩侯入**觐**,以其介圭,入**觐**于王。"郑玄笺:"诸侯秋见天子曰觐。"(570 下)后来泛指朝见帝王,则进一步引申为"会见,拜见"。如《左传·昭公十六年》:"宣子

---

① 《十三经注疏·毛诗正义》(附校勘记),北京:中华书局,1980 年。

私**觐**于子产,以玉与马,曰:'子命起舍夫玉,是赐我玉而免吾死也,敢不藉手以拜?'"(2080 下)①西晋陆云《请吴王引师友文学观书问道启》:"伏惟殿下天资聪睿,应期挺秀,圣敬敷闻,辉光日新。即位已来仍遭不造,大礼虽阕,哀故滋有,宾客无接**觐**之宴,师友阙讲诵之礼。"(157)②竺法护译经中的"**觐**",无论是"看见"或"拜见",其对象均是指地位、身份较高的人,词义有所发展。

（八）窥

"窥"在竺法护译经中只有 2 个用例,表"偷看"义:

> 譬有大力转轮圣王,威德弘茂顺化所领,诸余敌国未率伏者,不敢**窥**阚。(《正法华经》卷七,9/109/b)

"窥"本义是从夹缝、小孔或隐蔽处偷看。《说文·穴部》:"窥,小视也。从穴、规声。"(153 上)《孟子·滕文公下》:"钻穴隙相**窥**,逾墙相从,则父母国人皆贱之。"(2711 上)③《汉书·司马相如传上》:"及饮卓氏弄琴,文君窃从户**窥**,心说而好之,恐不得当也。"(2530)④

（九）览

"览"在竺法护译经中共 7 例,有两个义位:

1. 观看、考察。

> 须菩提报女言:"甚难居家为道,乃有此辩,博**览**众要深入微妙。"(《佛说阿阇贳王女阿术达菩萨经》卷一,12/87/b)

2. 通"揽",采纳、接受。

> 何谓菩萨为志力耶,如是龙王,菩萨志力能**览**诸佛一切所说总而持之,是谓志力。(《佛说弘道广显三昧经》卷二,15/497/a)

---

① 《十三经注疏·春秋左传正义》(附校勘记),北京:中华书局,1980 年。
② (西晋)陆云著,黄葵点校:《陆云集》,北京:中华书局,1988 年。
③ 《十三经注疏·孟子注疏》(附校勘记),北京:中华书局,1980 年。
④ (东汉)班固:《汉书》,北京:中华书局,1962 年。

"览"的本义为"观看、考察"。《说文·见部》:"览,观也。"(177下)如《楚辞·离骚》:"阽余身而危死兮,览余初其犹未悔。"(24)[①]《汉书·韦贤传》:"我王如何,曾不斯览!黄发不近,胡不时监!"(3104)"览"在竺法护译经中基本保持了本义。

(十)临

"临"在竺法护译经中共有92例,有以下几个义位:

1.由上视下。

　　稽首佛足下,长跪白言:"善来安住,愿降圣尊屈神临眄。"(《佛说梵志女首意经》卷一,14/939/b)

2.监视、监临。

　　识其至心学斯定者,遣诸天人悉下宿卫使行安隐无妄犯者,其四天王身自临之,亦遣官属护于法师,四千里外令无伺求得其便者。(《贤劫经》卷一,14/5/c)

3.照耀。

　　往诣大树重阁精舍欲觐世尊,而见如来与无央数百千之众眷属围绕而为说经,照临大会犹如须弥超现大海。(《等集众德三昧经》卷一,12/973/c)

4.靠近。

　　不游不在,不此际不彼岸,不彼不此,不临岸不陆地。(《诸佛要集经》卷一,17/759/a)

5.莅临、从上面到下面。

　　菩萨大士临降神时,为诸天子讲说此法。(《佛说普曜经》卷一,3/487/c)

"临"的本义是"由上看下,居高面低。"《说文·卧部》:"临,监临也。"

---

① (北宋)洪兴祖著,白化文等点校:《楚辞补注》,北京:中华书局,1983年。

(170 上)《荀子·劝学》:"不**临**深溪,不知地之厚也。"(2)①三国魏阮籍《咏怀》诗之十三:"登高**临**四野,北望青山阿。"(260)②

## (十一) 眄

"眄"在竺法护译经中共 15 例,用于以下几个义位:

1.看、望。

　　一切世间悉共称叹,已离邪淫、无敢轻**眄**其妻室者。(《佛说海龙王》卷三,15/146/c)

　　于是,大圣还缩其舌,重复顾**眄**诸来会者。(《佛说济诸方等学经》卷一,9/374/c)

2.看见。

　　在此游居,吾悉睹**眄**,又见佛土,不可计数。(《正法华经》卷一,9/64/b)

"眄"的本义是"斜视,不用正眼看。"《说文·目部》:"眄,目偏合也。一曰:衺视也,秦语。从目、丏声。"(73 上)《广雅·释诂一》:"眄,视也。"(31 下)③《列子·黄帝》:"自吾之事夫子友若人也,三年之后,心不敢念是非,口不敢言利害,始得夫子一**眄**而已。"(46—47)④《史记·鲁仲连邹阳列传》:"臣闻明月之珠,夜光之璧,以闇投人于道路,人无不按剑相**眄**者,何则?无因而至前也。"(2476)引申为"看、望"。

## (十二) 睥

"睥"在竺法护译经有只有 1 例:"睥睨",系同义连文。

　　宝树、药树、诸众果树,**睥睨**距跇低仰如人跪礼之形。(《佛说月光童子经》卷一,14/816/c)

---

① (清)王先谦著,沈啸寰、王星贤点校:《荀子集解》,北京:中华书局,1988 年。
② (三国·魏)阮籍著,陈伯君校注:《阮籍集校注》,北京:中华书局,1987 年。
③ (清)王念孙:《广雅疏证》,南京:江苏古籍出版社,2000 年。
④ 杨伯峻:《列子集释》,北京:中华书局,1979 年。

"睥"的本义是"视"。《集韵·霁韵》:"睥,睥睨,视也。"(1036)①通常为"睥睨"连用,表示"斜视"。如《淮南子·修务》:"今夫毛嫱、西施,天下之美人,若使之衔腐鼠,蒙狷皮,衣豹裘,带死蛇,则布衣韦带之人过者,莫不左右**睥睨**而掩鼻。"(1363)②

(十三)睨

"睨"在竺法护译经中只有 1 例:"睥睨",例见上文"睥"。

"睨",本义为"斜视"。《说文·目部》:"睨,衺视也。"(71 下)《礼记·中庸》:"执柯以伐柯,**睨**而视之,犹以为远。"(1627 上)《史记·李将军列传》:"行十余里,广佯死,**睨**其旁有一胡儿骑善马,广暂腾而上胡儿马。"(2871)后泛指"视、望"。如《左传·哀公十三年》:"旨酒一盛兮,余与褐之父**睨**之。"杜预注:"睨,视也。"(2172 上)

(十四)省

"省"在竺法护译经中共有 137 例,用于以下几个义位:
1.泛指看。

　　清净之耳,千有二百。于是世界,以是听**省**。闻其音声,无有遗余。(《正法华经》卷八,9/119/b)

2.察看、仔细看。

　　常饮食此身,五欲令自恣。求安如亲友,谛**省**是怨仇,无救无所护,常怀无反复。(《修行道地经》卷六,15/219/c)

　　不见众生之所立居,**省**视一切蚑行喘息人物之类,悉是泥洹。(《佛说阿惟越致遮经》卷一,9/203/a)

3.反省。

　　若干无数虫,观已还静心;察于外死身,内**省**自己躯,彼尔我如是。(《佛五百弟子自说本起经》卷一,4/193/b)

---

① (北宋)丁度等:《宋刻集韵》,北京:中华书局据国家图书馆藏南宋潭州刻本影印本,2005 年。

② (西汉)刘安著,何宁集释:《淮南子集释》,北京:中华书局,1988 年。

4.知晓、懂得。

　　汝等视人应灭度者,世尊**省**知而坠恶趣。(《文殊支利普超三昧经》卷三,15/425/b)

5.探望、问候。

　　于是颂曰:"其子啼泣泪如泉,若干种泣哭叹父,心怀怖懔不**省**亲,专精秉志而持钵。"(《修行道地经》卷三,15/196/b)

"**省**",本义为"视察,察看"。《尔雅·释诂》:"省,察也。"邢昺疏:"省谓视察。"(2577 中)①《说文·眉部》:"省,视也。"(74 上)②《易·复卦》:"先王以至日闭关,商旅不行,后**省**方。"(39 上)②《礼记·礼器》:"礼不可不**省**也。"郑玄注:"省,察也。"(1433 下)后来泛指"观看,阅览",又引申为"反省,检查"。如《论语·学而》:"曾子曰:吾日三**省**吾身:为人谋而不忠乎? 与朋友交而不信乎? 传不习乎?"(2457 中)③

## (十五) 望

在竺法护译经中,"望"多用作名词或动词,表"希望"、"望想"义,表示"向高处、远处看"义的只有 22 例。如:

　　日欲向暮,上树四**望**不见来者;下树复持,须留众人遂至黄昏。(《修行道地经》卷五,15/215/a)

　　诸贾欢喜,即奉教命一时上船,**望**风举帆游入大海,不逢大鱼不触山崖。(《正法华经》卷五,9/94/c)

"**望**"本义为"向高处、远处看"。《释名·释姿容》:"望,茫也,远视茫也。"(37)④《广雅·释诂一》:"望,视也。"(7 上—下)《玉篇·亡部》:"望,远视也。"(520)⑤《诗·卫风·河广》:"谁谓宋远,跂予**望**之。"郑玄笺:"跂足则

---

① 《十三经注疏·尔雅注疏》(附校勘记),北京:中华书局,1980 年。
② 《十三经注疏·周易正义》(附校勘记),北京:中华书局,1980 年。
③ 《十三经注疏·论语注疏》(附校勘记),北京:中华书局,1980 年。
④ (东汉)刘熙:《释名》,北京:中华书局,1985 年。
⑤ (南朝·梁)顾野王著,(唐)孙愐、(宋)陈彭年等增字:《宋本玉篇》,北京:中国书店影印本,1983 年。

可以**望**见之。"(326 下)《文选·班固〈西都赋〉》:"既惩惧于登**望**,降周流以彷徨。"(17)①

（十六）相

竺法护译经中,"相"多用作"互相"之义,与视觉动词语义场相关的义位只有 1 个,表"相面"义,共出现 3 次。例如:

> 夫人语王:"当召**相**师**相**之,知当语不。"王即召婆罗门师,使**相**太子。(《佛说太子墓魄经》卷一,3/410/a)

"相"本义为看,观察。《说文·目部》:"相,省视也。"(72 下)《书·无逸》:"**相**小人,厥父母勤劳稼穑,厥子乃不知稼穑之艰难。"(221 上)②《史记·周本纪》:"及为成人,遂好耕农,**相**地之宜,宜谷者稼穑焉,民皆法则之。"(112)引申有相面义。如《史记·黥布列传》:"人**相**我当刑而王,几是乎?"(2597)

（十七）眴

"眴"在竺法护译经中共有 38 个用例,共有两个义位——"眨眼"和"看",属于视觉类语义场的只有一个义位,即"看"。

1.眨眼。

> 观察变动诸法王菩萨,谛视其身而目不**眴**。(《大哀经》卷六,13/440/b)

> 以无**眴**定三昧,正受建立众会,瞻戴如来目不敢**眴**。(《大哀经》卷一,13/414/a)

2.看。

> 于是颂曰:"弱颜愚无慈,强额而自举;眼目不视**眴**,燋焠数叹息。"(《修行道地经》卷二,15/193/a)

> 阿差末寻问舍利弗:"贤者欲见不**眴**国土普贤如来乎?"(《阿差末菩萨经》卷一,13/586/a)

---

① （南朝·梁）萧统编,（唐）李善注:《文选》,上海:上海古籍出版社,1986 年。
② 《十三经注疏·尚书正义》（附校勘记）,北京:中华书局,1980 年。

"眴"的本义是"目摇,目眩晕"。"眴",同"旬"。《说文·目部》:"旬,目摇也。"(72 上)《汉语大词典》(以下简称为《大词典》)解释为:"看、眨眼。《楚辞·九章·怀沙》:'眴兮杳杳,孔静幽默。'王逸注:'眴,视貌也。'洪兴祖补注:'眴,与瞬同。'"①又如《说苑·善说》:"夫登高临危而目不**眴**而足不陵者,此工匠之勇悍也。"(275)②引申指目转动示意。如《史记·项羽本纪》:"须臾,梁**眴**籍曰:'可行矣!'于是籍遂拔剑斩守头。"(297)后来泛指"看"。

### (十八) 瞻

"瞻"在竺法护译经中共 124 个用例,义位分布如下:

1.看。

又白王曰:"如我所**瞻**,今果前誓,宁审谛乎?"(《生经》卷一,3/77/b)

七日姿弄唇口;八日视**瞻**不端;九日婹媖细视。(《佛说普曜经》卷六,3/519/b)

2.观察。

普察世间,视诸法界,顺慧而入,**瞻**知十方,慧无思议,睹诸佛慧。(《度世品经》卷二,10/628/a)

能常勤修智度无极,**瞻**察众生除诸颠倒,度脱一切诸邪见缚。(《度世品经》卷四,10/639/c)

3.仰视、敬视。

于时梵志,仰**瞻**天文,下察地理,知已嗣立,即诣宫门求觐。(《生经》卷一,3/77/b)

尔时大敬逮比丘尼,与六千比丘尼俱,**瞻**戴尊颜不以为厌。(《正法华经》卷六,9/106/b)

4.看病。

人当**瞻**疾病,问讯诸危厄。(《生经》卷三,3/90/a)

---

① 汉语大词典编辑委员会编纂:《汉语大词典》,上海:汉语大词典出版社,1999 年。
② (西汉)刘向著,向宗鲁校证:《说苑校证》,北京:中华书局,1987 年。

41

"瞻"的本义是由上向下看。《说文·目部》:"瞻,临视也。"(72 上)段玉裁注:"《释诂》、《毛传》皆曰:'瞻,视也。'许别之云'临视',今人谓'仰视'曰'瞻'。此古今义不同也。"(132 下)按照《说文》的解释,"瞻"的本义是由上向下看,但今义正相反,是"由下向上看"的意思。由此引申出仰视,敬视义。如《诗·小雅·小弁》:"靡瞻匪父,靡依匪母。"(452 下)又引申为观察。《尔雅·释诂》:"瞻,视也。"郭璞注:"谓察视也。"(2575 上)如《礼记·月令》:"(仲秋之月)案刍豢,瞻肥瘠,察物色,必比类;量小大,视长短,皆中度。"(1374 上)西晋陆机《文赋》:"遵四时以叹逝,瞻万物而思纷。"①

# 第二节　视觉动词语义场成员在中土文献中的历时描写

这里所谓的历时描写,是指我们根据文献语料具体情况在先秦、两汉、魏晋三个时期各选择一定量的文献进行抽样考察,并对考察的结果进行描写,文中所说的每个时期某个词的出现次数皆指在所选文献范围内表示该语义场相关义位的出现次数。

## 一、看

### (一)先秦时期

"看"在我们选定的先秦时期的语料中只出现 1 次,为"探望"义:

> 梁车为邺令,其姊往看之,暮而后至,闭门,因逾郭而入。(《韩非子·外储说左下》,308)

### (二)两汉时期

在我们选定的两汉时期语料中,"看"并未出现。

---

① (西晋)陆机著,金涛声点校:《陆机集》,北京:中华书局,1982 年。

（三）魏晋时期

"看"在我们选定的魏晋时期语料中共出现 37 次,有以下几个义位[①]:

1.看,用视线接触人或事物。

凉风凄其薄体,零雨郁而下淫,睹川禽之遵渚,**看**山鸟之归林。(《陆机集·行思赋》,18)

举甑**看**之,忽有一白头公,从釜中出。(《搜神记》卷十七,213)[②]

2.观赏、欣赏。

有一人乘马**看**戏,将三四人,至岑村饮酒,小醉,暮还时,炎热,因下马,入水中枕石眠。(《搜神记》卷四,47)

安期将少君东至赤城,南至罗浮,北至大垣,西游玉门,周流五岳,观**看**江山,如此数十年。(《神仙传》卷六,116)[③]

3.观察、考察。

后移居墓所,景王遣钟会**看**之,若才艺德能及父,当收。(《三国志·魏志·夏侯玄传》裴注引《魏略》,304)[④]

林宗对曰:"吾昼察人事,夜**看**乾象,天之所废,不可支也……"(《抱朴子外篇·正郭》,457)[⑤]

4.窥伺。

又以黄门张当为都监,专共交关,**看**察至尊,侯伺神器,离间二宫,伤害骨肉。(《三国志·魏志·曹爽传》,286)

今此郡民,虽外名降首,而故在山草,**看**伺空隙,欲复为乱,为乱之日,鲂命讫矣。(《三国志·吴志·周鲂传》,1388)

---

① 参看汪维辉:《东汉—隋常用词演变研究》,南京:南京大学出版社,2000 年,第 118—130 页;另外参看朱庆之:《佛典与中古汉语词汇研究》,台北:文津出版社,1992 年,第 180—184 页。

② (东晋)干宝著,汪绍楹校注:《搜神记》,北京:中华书局,1979 年。

③ (东晋)葛洪著,胡守为校释:《神仙传校释》,北京:中华书局,2010 年。

④ (西晋)陈寿著,(南朝·宋)裴松之注:《三国志》,北京:中华书局,1991 年。

⑤ (东晋)葛洪著,杨明照校笺:《抱朴子外篇校笺》,北京:中华书局,1991 年。

5.诊视疾病。①

佗望见云:"已饱针灸服药矣,不复须**看**脉。"(《三国志·魏志·华佗传》裴注引《佗别传》,802)

6.阅读。

懒**看**文书,望空下名者,谓之业大志高。(《抱朴子外篇·汉过》,127)

北坐者曰:"文书已定。"南坐者曰:"借文书**看**之。"(《搜神记》卷三,33)

7.看护、照料。

象告:"无他,汝明日往**看**黍,若见猴群下,大嗥语之曰:'吾已告介君,介君教汝莫食黍。'"(《神仙传》卷九,205)

苏易者,庐陵妇人,善**看**产,夜忽为虎所取。(《搜神记》卷二十,237)

以上为"看"在中土文献中的使用情况,和竺法护译经中的使用情况进行比较,如下表:

| 义位 | 先秦 | 两汉 | 魏晋 | |
|---|---|---|---|---|
| | | | 译经 | 中土 |
| 看,用视线接触人或事物 | | | + | + |
| 观赏、欣赏 | | | | + |
| 观察、考察 | | | | + |
| 窥伺 | | | | + |
| 诊视疾病 | | | | + |
| 阅读 | | | | + |
| 看护、照料 | | | | + |
| 探望 | + | | | |

通过以上考察和比较,我们发现,从义位分布来看,"看"在中土文献中的义位分布比在竺法护译经中要广。这个时期,"看"的用例开始增多,并逐渐提升自己在语义场中的地位,开始取代"视"。据汪维辉考证:"大约从晚

---

① 此义项《大词典》首引明凌蒙初《初刻拍案惊奇》卷十一:"你可五鼓动身,拿此请帖去请冯先生早来看痘。"书证晚出。

汉开始,'看'的用例逐渐多起来。""从佛经和中土文献的用例综合分析可以推定,在汉末三国时期,'看'在口语里必定已经取代了'视'。'看'不仅出现在风格较俗的佛经里(像"观看"已经成为佛经中的常语),而且散见于诗赋奏章等典雅的文体中,就是有力的证据。"①

## 二、视

### (一)先秦时期

"视"在先秦时期的使用频率已经很高,在我们选定的先秦时期语料中共出现 306 次,其中属于视觉类语义场的共 277 例,分别有以下几个义位:

1. 看,用视线接触人或事物。

　　眇能**视**,不足以有明也。(《易·履卦》,28 上)
　　目不能两**视**而明,耳不能两听而聪。(《荀子·劝学》,9)

2. 观察、审察。

　　叔鱼生,其母**视**之。韦昭注:"视,相察也。"(《国语·晋语八》,453)②
　　伯石始生,子容之母走谒诸姑曰:"长叔姒生男。"姑**视**之。及堂,闻其声而还。(《左传·昭公二十八年》,2118 中—下)

3. 看待、对待。

　　贾人如晋,荀罃善**视**之。(《左传·成公三年》,1901 上)
　　舜**视**弃天下,犹弃敝蹝也。(《孟子·尽心上》,2769 下)
　　子围恐孔子贵于君也,因谓太宰曰:"君已见孔子,亦将**视**子犹蚤虱也。"(《韩非子·说林上》,171)

4. 诊视疾病。③

　　晋侯求医于秦,秦伯使医和**视**之。(《左传·昭公元年》,2024 下)

---

　　① 参看汪维辉:《东汉—隋常用词演变研究》,南京:南京大学出版社,2000 年,第 123—124 页。
　　② 徐元诰撰,王树民、沈长云点校:《国语集解》(修订本),北京:中华书局,2002 年。
　　③ 此义项《汉语大词典》未收,当补。

5.探望。

　　疾,君*视*之,东首,加朝服,拖绅。(《论语·乡党》,2495 下)

### (二)两汉时期

　　"视"在我们选定的两汉时期语料中共出现 824 次,其中属于视觉类语义场的有 804 例,分为以下几个义位:

1.看,用视线接触人或事物。

　　*视*于无形,则得其所见矣;听于无声,则得其所闻矣。(《淮南子·说林》,1175)

　　昭帝时,昌邑王贺闻人声曰"熊",*视*而见大熊。(《汉书·五行志》,1396)

　　太山之高,背而弗见;秋毫之末,*视*之可察。(《淮南子·说林》,1229)

　　貌曰恭,言曰从,*视*曰明,听曰聪,思曰睿。(《汉书·五行志》,1351)

2.观察、审察。

　　日至其初为节,至其中斗建下为十二辰。*视*其建而知其次。(《汉书·律历志上》,984)

　　*视*今天下,安乎?危乎?(《论衡·宣汉》,815)[1]

3.监视、督查。

　　重耳曰:"若反国,所不与子犯共者,河伯*视*之!"(《史记·晋世家》,1660)

　　使者护*视*,发取市物,百贾震动。(《汉书·王嘉传》,3496)

　　辒辌毂击,帷帐绛天,丝竹之音,闻数十里,尉部常往护*视*,数年亦自歇,沫复其故矣。(《风俗通义·怪神》,407)[2]

4.探望。

　　令吊死问疾,存*视*长老。(《淮南子·时则》,409)

---

① (东汉)王充著,黄晖校释:《论衡校释(附刘盼遂集解)》,北京:中华书局,1990 年。
② (东汉)应劭著,王利器校注:《风俗通义校注》,北京:中华书局,1981 年。

三年,魏王豹谒归**视**亲疾,至即绝河津,反为楚。(《史记·高祖本纪》,372)

嘉罪名虽应法,圣王之于大臣,在舆为下,御坐则起,疾病**视**之无数,死则临吊之。(《汉书·王嘉传》,3501)

5.看待、对待。

故战胜守固则有拜爵之赏,攻城屠邑则得其财卤以富家室,故能使其众蒙矢石,赴汤火,**视**死如生。(《汉书·晁错传》,2284)

事富贵如奴仆,**视**贫贱如佣客。(《潜夫论·交际》,347)①

内不敢傲于室家,外不敢慢于士大夫;见贱如贵,**视**少如长;其礼先入,其言后出。(《潜夫论·交际》,349)

## (三) 魏晋时期

"视"在我们选定的魏晋时期语料中共出现 655 次,其中属于视觉类语义场的有 621 例,分为以下几个义位:

1.看,用视线接触人或事物。

钟鼓所以节耳,羽旄所以制目,听之者不倾,**视**之者不衰。(三国魏·阮籍《阮籍集·乐论》,56—57)

佗令弟子数人以铍刀决脉,五色血尽,**视**赤血,乃下。(《三国志·魏志·华佗传》裴注引《佗别传》,804)

文合卒已再宿,停丧将殓,**视**其面有色,扪心下稍温,少顷却苏。(东晋·干宝《搜神记》卷十五,180)

2.观察、审察。

今送与刘表,**视**卒当何如?(《三国志·魏志·荀彧传》裴注引张衡《文士传》,312)

须臾,驰诣阙陈启:"方今畜养士众以图北虏,**视**此兵丁壮健儿,且所盗少,愚乞哀原。"(《三国志·吴志·顾雍传》裴注引《吴志》,1228)

---

① (东汉)王符著,(清)汪继培笺,彭铎校正:《潜夫论笺校正》,北京:中华书局,1985 年。

3.监视、督查。①

意欲求去,永不可留。**视**之积日,转懈。(《搜神记》卷十四,176)

向者为老君牧数头龙,一班龙五色最好,是老君常所乘者,令吾守**视**之,不勤,但与后进诸仙共博戏,忽失此龙,龙遂不知所在。(《抱朴子内篇·袪惑》,349)②

4.探望。

逵著械适讫,而太祖果遣家中人就狱**视**逵。(《三国志·魏志·贾逵传》裴注引《魏略》,481)

5.看待、对待。

年二十五,举孝廉,除东阳长,养耆育孤,**视**民如伤。(《三国志·魏志·陈登传》裴注引《先贤行状》,230)

毛成翼长,蝉蜕泉壤,便自轩昂,目不步足,器满意得,**视**人犹芥。(《抱朴子外篇·刺骄》,21)

以上为"视"在中土文献中的义位使用情况,和竺法护译经中的使用情况进行比较,如下表:

| 义位 | 先秦 | 两汉 | 魏晋 | |
|---|---|---|---|---|
| | | | 译经 | 中土 |
| 看,用视线接触人或事物 | | | + | |
| 观察、考察 | + | | + | |
| 看待、对待 | | | + | |
| 诊视疾病 | | | + | |
| 照料、看护 | | | + | |
| 探望 | + | | | |
| 监视、督查 | | + | | |

与"看"相比,同属视觉类语义场的"视"无论在义位数量还是使用频率上

---

① 《大词典》此义项首引唐·韩愈《曹成王碑》:"一吏軏民,使令家听户视,奸宄无所宿。"书证晚出。

② (东晋)葛洪著,王明校释:《抱朴子内篇校释》(增订本),北京:中华书局,1985年。

都明显占优势,较之"看"在我们选定的先秦材料中只出现一次,且还非其基本义"视线接触人或事物","视"不但从先秦开始就经常使用其基本义"看",而且引申义项也有了相当数量的应用(如观察、考察,探望,看待,对待,诊视疾病等义项)。随着时代的发展,"视"在两汉和魏晋的使用频率及义位数量依然保持增加的趋势,并表现出一定的构词能力(如"护视"、"守视")。值得注意的是在竺法护译经中,"视"的使用频率和义位组合与中土文献稍有不同,译经中共有六个义位,未见"计量、考虑"义位,增加了"探望"和"监视、监督"两个义位。

## 三、见

### (一) 先秦时期

"见"在先秦时期的使用频率相当高,在我们选定的先秦时期语料中共出现 1758 次,其中属于视觉类语义场的共 1632 个,有以下几个义位:

1. 看见、看到。

> 行其庭,不见其人。(《易·艮卦》,62 下)
>
> 心不在焉,视而不见,听而不闻。(《礼记·大学》,1674 中)

2. 谒见、拜见。

> 公将战。曹刿请见。(《左传·庄公十年》,1767 上)

3. 见面、会见。

> 一日不见,如三秋兮。(《诗·王风·采葛》,333 上)
>
> 不及黄泉,无相见也。(《左传·隐公元年》,1716 下)

### (二) 两汉时期

"见"在我们选定的两汉时期语料中共出现 4784 次,其中属于视觉类语义场的有 3949 例,主要用于以下几个义位:

1. 看见、看到。

> 楚相孙叔敖为儿之时,见两头蛇,杀而埋之,归,对其母泣。(《论衡·福虚》,266—267)

2.谒见、拜见。

即去之晋,见晋平公。(《史记·乐书》,1235)

敬脱挽辂,见齐人虞将军曰:"臣愿见上言便宜。"(《汉书·刘敬传》,2119)

3.见面、会见。

若朋友交游,久不相见,卒然相睹,欢然道故,私情相语,饮可五六斗径醉矣。(《史记·滑稽列传》,3199)

4.接见。

秦王坐章台见相如。(《史记·廉颇蔺相如列传》,2440)

## (三)魏晋时期

"见"在我们选定的魏晋时期语料中共出现3840次,其中属于视觉类语义场的有3195例,主要有以下几个义位:

1.看见、看到。

豫章新喻县男子,见田中有六七女,皆衣毛衣。(《搜神记》卷十四,175)

2.谒见、拜见。

九月,匈奴北单于遣使款塞,愿朝见宪。(《后汉纪·和帝纪上》,369)①

颖等每朝见进贺,和常降意,欢以待之。(《三国志·吴志·孙和传》裴注引《吴志》,1368)

3.见面、会见。

既济南海,与领守儿孝德相见,知足下忠义奋发,整饬元戎,西迎大驾,巡省中岳。(《三国志·蜀志·许靖传》,964)

---

① (东晋)袁宏著,周天游校注:《后汉纪校注》,天津:天津古籍出版社,1987年。

4.接见。

　　皓引见仁,亲拜送于庭。(《三国志·吴志·孙和传》,1371)

以上为"见"在中土文献中的义位分布情况,和竺法护译经中的分布情况进行比较,如下表:

| 义位 | 先秦 | 两汉 | 魏晋 | |
|---|---|---|---|---|
| | | | 译经 | 中土 |
| 看见、看到 | + | + | + | + |
| 谒见、拜见 | + | + | + | + |
| 见面、会见 | + | + | | + |
| 接见 | | + | | + |

从上表不难看出,与竺法护译经相比,中土文献的"见"增加了"见面,会面"和"接见"两个义位。

"见"在视觉类语义场中的表义与"看"和"视"略有不同。"见"不再注重"看"的具体动作,而是偏向强调"看"的结果,即"看见、看到"。不但作为基本义的"看见、看到"强调结果,表引申义的"谒见、拜见"和"见面、会见",甚至"接见"等也都与"见"的结果相关联,稍有区别的是在这几个引申义中,执行"见"动作的主体和被"见"的客体都是人,而本义"看见、看到"的客体类型不受限制,前者在指称对象上显得相对狭隘,但这是主客体双方见面时从不同角度地描写和细化,并未影响"见"在上古乃至中古时期的视觉类语义场中占有的重要地位。对比"看"和"视"的使用频率,可以看出"见"不但较之出现次数不及百例的"看"明显占优势,较之"视"也表现出更高的使用频率,无论在先秦还是两汉和魏晋,其用例都在千数以上。

## 四、观

### (一)先秦时期

"观"在我们选定的先秦时期语料中共出现 437 次,其中属于视觉类语义场的有 416 例,用于以下几个义位:

1. 观看、观览。

君子至止,言观其旂。(《诗·小雅·庭燎》,432 中)

2. 观察、察看。

入境,观其风俗,其百姓朴,其声乐不流污,其服不挑,甚畏有司而顺,古之民也。(《荀子·强国》,303)

3. 游览。

女曰观乎? 士曰既且。(《诗·郑风·溱洧》,346 下)

吾欲观于转附、朝儛,遵海而南,放于琅邪。朱熹集注:"观,游也。"(《四书章句集注·孟子集注·梁惠王下》,216)[①]

4. 玩赏。

继自今嗣王,则其无淫于观、于逸、于游、于田。(《书·无逸》,222 中)

## (二)两汉时期

"观"在我们确定的两汉时期语料中共出现 913 次,其中属于视觉类语义场的有 847 例,用于以下几个义位:

1. 观看、观览。

观射者遗其执,观书者忘其爱,意有所在,则忘其所守。(《淮南子·说林》,1188—1189)

斯入仓,观仓中鼠,食积粟,居大庑之下,不见人犬之忧。(《史记·李斯列传》,2539)

2. 观察、察看。

年二十而南游江、淮,……观孔子之遗风,乡射邹、峄;厄困蕃、薛、彭城。(《史记·太史公自序》,3293)

默入市里,观省风俗,已,呼亭长问:"新令为谁? 从何官来? 何时到也?"(《风俗通义·过誉》,203)

---

① (南宋)朱熹:《四书章句集注》,北京:中华书局,1983 年。

3.游览。

　　盖三年董仲舒不**观**于舍园,其精如此。(《史记·儒林列传》,3127)

## (三) 魏晋时期

"观"在我们确定的魏晋时期语料中共出现 830 次,其中属于视觉类语义场的有 730 例,有以下几个义位:

1.观看、观览。

　　但共**观**火,不复视围。(《三国志·魏志·贾逵传》裴注引《晋诸公赞》,485)

　　游山泽,**观**鱼鸟,心甚乐之,一行作吏,此事便废。(《嵇康集·与山巨源绝交书》,123)[①]

2.观察、察看。

　　勒兵凭城,**观**人虚实。(《后汉纪·光武帝纪》,119)

　　太祖与袁绍方相持于官渡,……**观**天下变。(《三国志·魏志·刘表传》,212)

3.游览。

　　雍与先主游**观**,见一男女行道,谓先主曰:"彼人欲行淫,何以不缚?"(《三国志·蜀志·简雍传》,971)

以上为"见"在中土文献中的义位分布情况,和竺法护译经中的分布情况进行比较,如下表:

| 义位 | 先秦 | 两汉 | 魏晋 | |
| --- | --- | --- | --- | --- |
| | | | 译经 | 中土 |
| 看见、看到 | + | + | + | + |
| 谒见、拜见 | + | + | + | + |
| 见面、会见 | + | + | | + |
| 接见 | | + | | + |

---

① (三国·魏)嵇康著,戴明扬校注:《嵇康集校注》,北京:人民文学出版社,1962 年。

　　"观"的本义为仔细察看,说明"观"从造字之初便侧重强调"观察、察看",因此"观"与直接强调结果的"见"不同(即"观"并不一定要得出什么样的结果)。"观"注重"看"这一动作所实行的范围(即较之"看"和"视","观"的动作执行的范围更加广阔,所涉及的对象更加广泛和抽象,不局限于具体的人或事物,如"观其风俗"),所以使得相关的引申义如"游览"、"玩赏"等虽与"看"这一动作相关,但表达的概念更为抽象,然而这两个义位在竺法护译经中还未曾见其用例。从"观"在竺法护译经和中土语料的使用情况来看,它使用的频率也相当高,特别是在竺法护译经中,"观"几乎承担了"看"的表意功能,几乎所有表"看"的地方都用"观"表示,这使得译经中"观"和"看"的使用成互补形式,但总体而言,"观"在视觉类语义场中处于优势地位。

## 五、睹

### (一)先秦时期

　　"睹"在我们选定的先秦时期语料中共出现18次,其中属于视觉类语义场的有15例,用于以下几个义位:

　　1.看见。

　　　　以天地为本,故物可举也。以阴阳为端,故情可睹也。(《礼记·礼运》,1424)

　　　　孟尝君曰:"睹貌而相悦者,人之情也。其错之,勿言也。"(《战国策·齐策三》,600)①

　　2.观察、察看。

　　　　是故退睹其友,饥则食之,寒则衣之,疾病侍养之,死丧葬埋之。(《墨子·兼爱下》,117)②

----

　　① (西汉)刘向集录,范祥雍笺证,范邦瑾协校:《战国策笺证》,上海:上海古籍出版社,2006年。

　　② (清)孙诒让著,孙启治点校:《墨子间诂》,北京:中华书局,2001年。

3.探望。

太史敫曰:"女无谋而嫁者,非吾种也,污吾世矣。"终身不睹。(《战国策·齐策六》,738)

4.预见、了解。

知尧桀之自然而相非,则趣操睹矣。(《庄子·秋水》,578)①

梁未睹秦称帝之害故也,使梁睹秦称帝之害,则必助赵矣!(《战国策·赵策三》,1130)

5.显示、暴露。

珠玉不睹乎外,则王公不以为宝。(《荀子·天论》,316)

（二）两汉时期

"睹"在我们选定的两汉时期语料中共出现 167 次,且全部属于视觉类语义场,主要有以下几个义位:

1.看见。

睹瓶中之冰,而知天下之寒。(《淮南子·说山》,1158)

余悲伯夷之意,睹轶诗可异焉。(《史记·伯夷列传》,2122)

盗贼之人,见物而取,睹敌而杀,皆在徙倚漏刻之间。(《论衡·变动》,652)

2.观察、察看。

故睹尧之道,乃知天下之轻也。(《淮南子·精神》,537)

3.预见、了解。

盖闻圣人迁徙无常,就变而从时,见末而知本,观指而睹归。(《史记·李斯列传》,2550)

其父睹之,经于沟渎,亡益救败,不如赵母指括,以全其宗。(《汉书·晁错传》,2303)

---

① (清)郭庆藩著,王孝鱼点校:《庄子集释》,北京:中华书局,1961 年。

太公治齐,周公**睹**其后世当有劫弑之祸,见法术之极,**睹**祸乱之前矣。(《论衡·实知》,1073)

### (三)魏晋时期

"睹"在我们选定的魏晋时期语料中共出现 127 次,其中属于视觉类语义场的有 120 例,用于以下两个义位:

1.看见。

成汤大圣,**睹**野鱼而有猎逐之失,定公贤者,见女乐而弃朝事。(《三国志·蜀志·秦宓传》,974)

2.预见、了解。

**睹**汉祚将移,谓可季兴,乃喟然发愤,遂与耿纪、韦晃、吉本、本子邈、邈弟穆等结谋。(《三国志·魏志·武帝纪》裴注引《三辅决录注》,50)

以上为"睹"在中土文献中的义位分布情况,和竺法护译经中的分布情况进行比较,如下表:

| 义位 | 先秦 | 两汉 | 魏晋 | |
| --- | --- | --- | --- | --- |
| | | | 译经 | 中土 |
| 看见 | + | + | + | + |
| 观察、察看 | + | + | + | |
| 显示、暴露 | + | | + | |
| 通晓 | | | + | |
| 预见、了解 | + | + | | + |
| 探望 | + | | | |

"睹"的表意与"观"和"见"类似,并不完全着意于强调"看"的动作,而是更侧重于强调"看"的结果"见"。在我们所选定的先秦乃至魏晋语料中,"睹"的使用频率明显不及"观"和"见"(只有百余例)。但在竺法护译经中,其使用率却明显偏高,达到了千余例,虽然仍不及"见"的 6000 余例和"观"的 2000 多例,但较之同时期的传世文献有明显的增多。这种现象的出现,

我们认为可能与译经者个人的用词习惯有关,结合我们在前面分析竺法护译经中"观"的使用情况("观"几乎彻底承担了"看"的表意,所有可以用"看"表示的地方在译经中都用"观"表示),可以推测出作为佛经翻译者的竺法护在注重译经文句通畅的同时,为了追求语言的典雅,行文时在该义位的表达上更多地选择了更为典雅的"观"和"睹",因此这还未能说明"睹"在当时的视觉类语义场中占据与"观"和"见"相近的地位。

## 六、顾

### (一)先秦时期

"顾"在我们选定的先秦时期语料中共出现 145 次,其中属于视觉类语义场的有 44 例,有以下几个义位:

1. 回首、回视。

    **顾**瞻周道,中心怛兮。(《诗·桧风·匪风》,383 上)

    庄子送葬,过惠子之墓,**顾**谓从者曰:"郢人垩慢其鼻端若蝇翼,使匠石斫之。"(《庄子·徐无鬼》,843)

2. 视、看。

    孟子见梁惠王,王立于沼上,**顾**鸿雁麋鹿。(《孟子·梁惠王上》,2665 下)

    其大本拥肿而不中绳墨,其小枝卷曲而不中规矩,立之涂,匠者不**顾**。(《庄子·逍遥游》,39)

    观者如市,匠伯不**顾**,遂行不辍。(《庄子·人间世》,170)

3. 探望、访问。

    訾祏死,范宣子谓献子曰:"鞅乎! 昔者吾有訾祏也,吾朝夕**顾**焉,以相晋国,且为吾家。"韦昭注:"顾,问也。"(《国语·晋语八》,460)

### (二)两汉时期

"顾"在我们选定的两汉时期语料中共出现 372 次,其中属于视觉类语

义场的有 70 例,有以下几个义位:

1.回首、回视。

> 仲翁出入从仓头庐儿,下车趋门,传呼甚宠,**顾**谓望之曰:"不肯录录,反抱关为。"(《汉书·萧望之传》,3272)

2.视、看。

> 袁盎**顾**之曰:"我所谓袁将军者也,公得毋误乎?"(《史记·梁孝王世家》,2092)

> 吉人与善兆合,凶人与恶数遇,犹吉人行道逢吉事,**顾**睨见祥物,非吉事祥物为吉人瑞应也。(《论衡·卜筮》,1003)

3.探望、访问。

> 以平帝为成帝后,不得**顾**私亲,帝母及外家卫氏皆留中山,不得至京师。(《汉书·云敞传》,2927)

### (三)魏晋时期

"顾"在我们选定的魏晋时期语料中共出现 612 次,其中属于视觉类语义场的有 157 例,有以下几个义位:

1.回首、回视。

> 张昭既怒,而盛忿愤,**顾**谓同列曰:"盛等不能奋身出命,为国家并许洛,吞巴蜀,而令吾君与贞盟,不亦辱乎!"(《三国志·吴志·徐盛传》,1298)

> 初便疾走。**顾**视妇人,追之亦急。(《搜神记》卷十八,228)

2.视、看。

> 先生徘徊翱翔,迎风而游,……临乎曲辕之道,**顾**乎泱漭之州。(《阮籍集》,79)

3.探望、访问。

> 此人可就见,不可屈致也。将军宜枉驾**顾**之。(《三国志·蜀志·诸葛亮传》,912)

君既惠**顾**,何以佐之?(《三国志·吴志·鲁肃传》,1268)

以上为"顾"在中土文献中的义位分布情况,和竺法护译经中的分布情况进行比较,如下表:

| 义位 | 先秦 | 两汉 | 魏晋 | |
|---|---|---|---|---|
| | | | 译经 | 中土 |
| 回头看 | + | + | + | + |
| 视、看 | + | + | + | + |
| 反省 | | | + | |
| 顾惜、眷念 | | | + | |
| 照顾、照料 | | | + | |
| 探望、访问 | + | + | | + |

"顾"的本义指"回头看",表示的动作明确具体,这一义位在我们选定的先秦、两汉和魏晋三个时期的语料中都出现了,在竺法护译经中也有使用。但从使用频率来看,"顾"在视觉类语义场中所处的地位并不高,反而是一些不属于视觉类语义场的义位(如"顾惜、眷念","爱惜"等)时有出现。究其原因,可能是由于"顾"本身所表示的"回头看"这一动作过于具体,从而使得其引申途径都不自觉地避开了视觉类语义场的范畴,更加注重"回头看"这一动作所涉及的心理和社会影响。也就是说,"顾"在与视觉相关的表意中只以"回头看"为主导,偶尔使用它的上位义"看"和相关的"探望"义,其他的引申义位都不再与视觉类语义场相关联。这种由于本身表意过于具体而导致相关语义场中的引申义不够丰富,使用频率偏低的情况我们在后面讨论类似词语时还会提及。此外,在中土文献中还出现了"探望、访问"义,竺法护译经中未见其使用例。

## 七、觊

### (一)先秦时期

"觊"在我们选定的先秦时期语料中共出现 8 次,其中属于视觉类语义场的有 7 例,有以下几个义位:

1. 朝见帝王。

  韩侯入**觐**，以其介圭，入**觐**于王。郑玄笺："诸侯秋见天子曰觐。"（《诗·大雅·韩奕》，570 下）

  春见曰朝，夏见曰宗，秋见曰**觐**，冬见曰遇，时见曰会，殷见曰同。（《周礼·春官·大宗伯》，759 下）[1]

2. 会见、拜见。

  既月，乃日**觐**四岳群牧。（《书·舜典》，126 下）

  宣子私**觐**于子产，以玉与马，曰："子命起舍夫玉，是赐我玉而免吾死也，敢藉手以拜？"（《左传·昭公十六年》，2080 下）

## （二）两汉时期

  "觐"在我们选定的两汉时期语料中共出现 14 次，全部属于视觉类语义场，指朝见帝王。[2]

  开东阁，延贤人与谋议，朝**觐**奏事，因言国家便宜。（《汉书·严助传》，2775）

  保至尊之重，秉帝王之威，朝**觐**法出而后驾，陈兵清道而后行，无复轻身独出，饮食臣妾之家。（《汉书·谷永传》，3470）

## （三）魏晋时期

  "觐"在我们确定的魏晋时期语料中共出现 34 次，其中属于视觉类语义场的有 21 例，用于以下两个义位：

1. 朝见帝王。

  爰暨帝室，税此西墉；嘉诏未赐，朝**觐**莫从。（《三国志·魏志·陈思王植传》，564）

---

[1]《十三经注疏·周礼注疏》（附校勘记），北京：中华书局，1980 年。

[2]《大词典》中该义项引例为《新唐书·李锜传》："宪宗即位，不假借方镇，故倔强者稍稍入朝。锜不自安，亦三请**觐**。"书证晚出。

2.会见、拜见。

即位已来,仍遭不造,大礼虽阕,哀故滋有,宾客无接**觐**之宴,师友阙讲诵之礼。(《陆云集·请吴王引师友文学观书问道启》,156)

以上为"觐"在中土文献中的义位分布情况,和竺法护译经中的分布情况进行比较,如下表:

| 义位 | 先秦 | 两汉 | 魏晋 | |
|---|---|---|---|---|
| | | | 译经 | 中土 |
| 朝见帝王 | ＋ | ＋ | | ＋ |
| 看见 | | | ＋ | |
| 会见、拜见 | ＋ | | ＋ | ＋ |

"觐"本义为"诸侯秋季朝见天子",具有较强的特指意味,后世逐渐将拜见的对象扩大至"非天子"的对象,但基本上"觐"的主体较之客体仍处于某种相对较低的社会地位;相同辈分或相同社会地位的人之间使用"觐"(如上引的"宾客无接觐之宴")时,表示一种敬辞。在竺法护译经中,大部分的"觐"也都符合这种特点,但也有少部分特殊的用例,即"觐"本身用来表示它的上位义"看见",如《正法华经》卷三:"子觐长者色像威严,怖不自宁,谓是帝王若大君主,进退犹豫不敢自前,孚便驰走。"(9/80/b)这种现象的出现,我们推测是由于译者一方面追求译经的典雅,另一方面没有彻底理清视觉类语义场中的各个词语意义的微别之处而造成的;即由于用词求雅,又过分进行近义替换所导致的一种结果,因此这种语言现象在传世典籍中很难发现,并没有成为社会语言的主流,在佛经译著中却常常可以看到。此外,和我们前面分析"顾"的情况类似,由于"觐"所指称的情况过于具体,使用的频率也就相对较低,在视觉类语义场中并不占主导地位。

## 八、窥

### (一)先秦时期

"窥"在我们确定的先秦时期语料中共出现31次,全部属于视觉类语义

场,用于以下几个义位:

1.暗中偷看。

不**窥**密,不旁狎,不道旧故。(《礼记·少仪》,1512下)

钻穴隙相**窥**,逾墙相从,则父母国人皆贱之。(《孟子·滕文公下》,2711上)

2.泛指观看。

子乃规规然而求之以察,索之以辩,是直用管**窥**天,用锥指地也,不亦小乎!(《庄子·秋水》,601)

夫至人者,上**窥**青天,下潜黄泉,挥斥八极,神气不变。(《庄子·田子方》,725)

3.伺机图谋、觊觎。

秦之欲伐韩以东**窥**周室甚,唯寐忘之。(《战国策·韩策三》,1598)

### (二) 两汉时期

"窥"在我们确定的两汉时期语料中共出现92次,其中属于视觉类语义场的有69例,用于以下几个义位:

1.暗中偷看。

及饮卓氏弄琴,文君窃从户**窥**,心说而好之,恐不得当也。(《汉书·司马相如传上》,2530)

2.泛指观看。

开户内光,坐高堂之上,眇升楼台,**窥**四邻之廷,人之所愿也。(《论衡·别通》,593)

3.看透、觉察。

夫陛下以一人誉召臣,一人毁去臣,臣恐天下有识者闻之,有以**窥**陛下。颜师古注:"窥见陛下浅深也。"(《汉书·季布传》,1977—1978)

4.伺机图谋、觊觎。

秦孝公据崤函之固,拥雍州之地,君臣固守而**窥**周室。(《史记·秦始皇本纪》,278)

## (三)魏晋时期

"窥"在我们确定的魏晋时期语料中共出现 36 次,且全部属于视觉类语义场,有以下几个义位:

1.暗中偷看。

诞绐使妻有鬼病,其夫疑之为奸。后出行,密穿壁隙**窥**之。(《搜神记》卷十七,209)

2.泛指观看。

乃**窥**鉴整饰,嚼齿先引,推年蹑踵,相随俱进。(《阮籍集·达庄论》,79)

3.伺机图谋、觊觎。

惝恫官府之间,以**窥**掊克之益,内以夸妻妾,外以钓名位。(《抱朴子外篇·自序》卷五十,673)

以上为"窥"在中土文献中的义位分布情况,和竺法护译经中的分布情况进行比较,如下表:

| 义位 | 先秦 | 两汉 | 魏晋 | |
|---|---|---|---|---|
| | | | 译经 | 中土 |
| 暗中偷看 | + | + | + | + |
| 观看 | + | + | + | + |
| 伺机图谋、觊觎 | + | + | | + |
| 看透、觉察 | | + | | |

"窥"的本义为"暗中偷看",指称的动作比较具体,因此与"顾"和"觇"的情况类似,使用的频率也就相对较低,在视觉类语义场中处于边缘地位。但从具体的使用和引申情况看,在中土文献中,"窥"还可以用来表示

范围更广的"观看"义,只是这种用法并没有成为主要用法,"暗中偷看"义依然是"窥"的常用义。结合前面我们分析的"觊"在竺法护译经中偶尔也可以用来表示上位义"看见",我们不难发现在上古乃至中古时期,由于对处于同一语义场中的词语含义的微别之处关注不够,从而导致了临时借用表示下位义的词语(如"顾"、"觊"、"窥")来表示语义场中的上位义(如"看"),这种情况虽然时有出现,但用例相对较少,大多数只是一种临时的借用。除"看见"义外,中土文献中还增加了"伺机图谋、觊觎"和"看透、觉察"这两个义位。

## 九、览

### (一)先秦时期

"览"在我们选定的先秦时期语料中共出现 6 次,其中属于视觉类语义场的有 6 例,有以下三个义位:

1.观看、考察。

> 臣知行虽无功,得免于罪,虽不行无罪,不免于诛,然惟愿大王**览**臣愚计,释赵养民!(《战国策·中山策》,1880—1881)

2.阅读。

> 今世之谈也,皆道辩说文辞之言,人主**览**其文而忘有用。(《韩非子·外储说左上》,266)

3.通"揽",采纳、接受。

> 大王**览**其说,而不察其至实。(《战国策·齐策一》,343)

### (二)两汉时期

"览"在我们选定的两汉时期语料中共出现 180 次,其中属于视觉类语义场的有 175 例,用于以下三个义位:

1.观看、考察。

> 我王如何,曾不斯**览**!黄发不近,胡不时监!(《汉书·韦贤传》,3104)

2.阅读。

惟陛下少留神明,**览**五经之文,原圣人之至意,深思天地之戒。(《汉书·鲍宣传》,3091)

3.登高远眺。

亲巡远方黎民,登兹泰山,周**览**东极。(《史记·秦始皇本纪》,243)

（三）魏晋时期

"览"在我们选定的魏晋时期语料中共出现 302 次,其中属于视觉类语义场的有 213 例,用于以下几个义位:

1.观看、考察。

观骨形而审贵贱,**览**形色而知生死,许负、唐举不超也。(《三国志·魏志·管辂传》裴注引《辂别传》,827—828)

2.阅读。

少好学,善隶书,从白侯子安受《左氏春秋》,博**览**众书,与琅邪赵昱、东海王朗俱发名友善。(《三国志·吴志·张昭传》,1219)

彼二曹学则无书不**览**,才则一代之英。(《抱朴子内篇·论仙》,16)

3.登高远眺。

扶风梁鸿作《五噫歌》曰:"陟彼北邙兮,噫! **览**观帝京兮。"(《后汉纪·章帝纪上》,322)

以上为"览"在中土文献中的义位分布情况,和竺法护译经中的分布情况进行比较,如下表:

| 义位 | 先秦 | 两汉 | 魏晋 | |
|---|---|---|---|---|
| | | | 译经 | 中土 |
| 观看、考察 | + | + | + | + |
| 阅读 | + | + | | + |
| 登高远眺 | | + | | + |
| 采纳、接受 | + | | + | + |

"览"的本义与"观"类似,即"观看、考察"。由于"观"在上古乃至中古的视觉类语义场中占有较为重要的地位且使用频率较高,从而致使与其意义相近的"览"处于一种相对从属的地位,在使用频率上远远不及"观",这一点无论从竺法护译经还是我们选定的先秦至魏晋中土文献的使用情况中都有所反映。"语言的经济原则"致使意义极为相近的两个词语在发展使用的过程中,其中的一个明显处于相对强势的地位,用法也比较灵活,而另一个处于弱势地位,用法变得单一。从义位的使用数量来看,中土文献中"览"还用于"阅读"、"登高远眺"义,在竺法护译经中则未见该用法。

## 十、临

### (一)先秦时期

"临"在我们选定的先秦时期语料中共出现200次,其中属于视觉类语义场的有8例,主要有两个义位,如:

1.由上看下、居高面低。

> 不临深溪,不知地之厚也。(《荀子·劝学》,2)
> 故榭度于大卒之居,台度于临观之高。(《国语·楚语上》,545)

2.监视、监临。

> 冬,盟于黑壤。王叔桓公临之,以谋不睦。(《左传·宣公七年》,1873中)
> 临长晋国者,非女其谁?韦昭注:"临,监也。"(《国语·晋语五》,396—397)

3.守卫。

> 君临函谷而无攻。高诱注:"临,犹守也。"(《战国策·西周策》,81)

### (二)两汉时期

"临"在我们确定的两汉时期语料中共出现806次,其中属于视觉类语

义场的有 18 例,有以下两个义位:

1.由上看下、居高面低。

平原君美人居楼上,**临**见,大笑之。(《史记·平原君列传》,2365)

2.监视、监临。

皇帝之明,**临**察四方。(《史记·秦始皇本纪》,245)

3.统治、治理。

今昭帝始立,年幼,富于春秋,未**临**政,委任大臣。(《史记·三王世家》,2118—2119)

今陛下明圣,深怀要道,烛**临**万方,布德流惠,靡有阙遗。(《汉书·翼奉传》,3172)

（三）魏晋时期

"临"在我们确定的魏晋时期语料中共出现 899 次,其中属于视觉类语义场的有 15 例,有以下两个义位:

1.由上看下、居高面低。

初,植登鱼山,**临**东阿,喟然有终焉之心,遂营为墓。(《三国志·魏志·陈思王植传》,576)

微言风集,若仰眺飞鸿,漂漂兮景没,若俯**临**深溪,杳杳兮精绝。(《三国志·魏志·管辂传》裴注引《辂别传》,827)

2.监视、监临。

自光武以来,诸王有制,惟得自娱于宫内,不得**临**民,干与政事。(《三国志·吴志·孙奋传》,1373)

以上为"临"在中土文献中的义位分布情况,和竺法护译经中的分布情况进行比较,如下表:

| 义位 | 先秦 | 两汉 | 魏晋 | |
|---|---|---|---|---|
| | | | 译经 | 中土 |
| 由上视下 | + | + | + | + |
| 监视、监临 | + | + | + | + |
| 守卫 | + | | | |
| 统治、治理 | | + | | |

"临"的本义指"由上看下、居高面低",动作非常具体,因此,"临"和"顾"、"窥"的情况类似,使用频率相对较低,在视觉类语义场中也不占主导地位。虽然"临"在我们所选定的上古至中古语料中出现的次数很多,但真正用于视觉类语义场中义位的例子却非常少见(如"临"在我们选定的先秦文献出现 200 次,用于视觉类语义场的只有 8 例;两汉和魏晋文献中"临"分别出现了 800 余次,用于视觉类语义场的则均不足 20 例),这类本义所指称的动作非常具体的动词在词义引申和使用中表现出的特点就非常明显:它们指称的动作非常具体,因而这个义位成为该词的基本义;由于这个具体义位本身具有标志性和排他性(和其他相关视觉动作区分非常清楚),使得该词难以在同一语义场中引申和发展,因此它们侧重于向与该动作涉及的社会影响及相关意义引申,引申出来的新义也较少受到基本义的限制,所以更容易继续发展,并且大大超过了基本义的使用数量。另外,还有一些本义指称的动作很具体的动词(如"觑"以及下文的"眄"、"睥"、"睨"等①),它们并未进一步引申,而是固守基本义,所以在使用频率上较之其他积极引申的动词明显偏低,在整个视觉类语义场中处于边缘地位。

# 十一、眄

## (一)先秦时期

"眄"在我们选定的先秦时期语料中共出现 3 次,全部属于视觉类语义

---

① 由于这里已经提及,故下文对相关词语将不再进行专门分析。

场,表示"斜视、不用正眼看",如:

冯几据杖,**眄**视指使,则厮役之人至。(《战国策·燕策一》,1685)

### (二)两汉时期

"眄"在我们选定的两汉时期语料中共出现 8 次,其中属于视觉类语义场的有 3 例,用于以下两个义位:

1. 斜视、不用正眼看。

臣闻明月之珠,夜光之璧,以闇投人于道路,人无不按剑相**眄**者。(《史记·鲁仲连邹阳列传》,2476)

2. 看、望。

是故鲁连飞一矢而蹶千金,虞卿以顾**眄**而捐相印也。(《汉书·叙传上》,4227)

### (三)魏晋时期

"眄"在我们选定的魏晋时期语料中共出现 37 次,全部属于视觉类语义场,有以下几个义位:

1. 斜视、不用正眼看。

融妃后家,丝竹歌舞者不绝于前,植侍坐,数年,目未尝一**眄**。(《后汉纪·孝灵皇帝纪下》,727)

2. 看、望。

其救卒叁卷,皆单行径易,约而易验,篱陌之间,顾**眄**皆药,众急之病,无不毕备,家有此方,可不用医。(《抱朴子内篇·杂应》,272)

以上为"眄"在中土文献中的义位分布情况,和竺法护译经中的分布情况进行比较,如下表:

| 义位 | 先秦 | 两汉 | 魏晋 | |
|---|---|---|---|---|
| | | | 译经 | 中土 |
| 看见 | | | + | |
| 看、望 | | + | + | + |
| 斜视、不用正眼看 | + | + | | + |

从义位的使用情况来看,"眄"的本义"斜视"在竺法护译经中未见用例,但在先秦中土文献中已见用例;其引申义"看见"在竺法护译经中有其用例,而在中土文献中未见其用例;从用例的数量来看,"眄"在视觉语义场中处于非主导地位。

## 十二、睥

"睥"在我们确定的先秦、两汉、魏晋时期语料中均未出现。在竺法护译经中,唯见"睥睨"同义连文,可见"睥"在视觉语义场中极为少见,为边缘成员。

## 十三、睨

### (一)先秦时期

"睨"在我们确定的先秦时期语料中共出现5次,其中属于视觉类语义场的有5例,有以下几个义位:

1. 视、看。

> 旨酒一盛兮,余与褐之父**睨**之。杜预注:"睨,视也。"(《左传·哀公十三年》,2172上)

2. 斜着眼(看)、斜视。

> 其颡有泚,**睨**而不视。(《孟子·滕文公上》,2707下)

### (二)两汉时期

"睨"在我们确定的两汉时期语料中共出现13次,其中属于视觉类语义

场的有 13 例,有以下两个义位:

1.视。

> 于是乘舆弭节徘徊,翱翔往来,**睨**部曲之进退,览将帅之变态。(《汉书·司马相如传上》,2566)

2.斜着眼(看)、斜视。

> 相如持其璧**睨**柱,欲以击柱。(《史记·廉颇蔺相如列传》,2440)

> 行十余里,广详死,**睨**其旁有一胡儿骑善马,……因引而入塞。(《史记·李广列传》,2871)

### (三)魏晋时期

“睨”在我们确定的魏晋时期语料中共出现 4 次,其中属于视觉类语义场的有 4 例,有以下两个义位:

1.窥伺。[①]

> 鼠住虎侧,则狸犬不敢**睨**。(《抱朴子外篇·广譬》,365)

2.斜着眼(看)、斜视。

> 行人皆憎其貌而恶其气,莫不**睨**面掩鼻,疾趋而过焉。(《抱朴子外篇·刺骄》,33)

以上为“睨”在中土文献中的义位分布情况,和竺法护译经中的分布情况进行比较,如下表:

| 义位 | 先秦 | 两汉 | 魏晋 | |
|---|---|---|---|---|
| | | | 译经 | 中土 |
| 斜视 | + | + | + | + |
| 视、看 | + | + | | + |
| 窥伺 | | | | + |

---

① 此义项《大词典》首引明·李诩《戒庵老人漫笔·谈参传》:“参之赀日益,窖而藏者数万计。然弗子,仅有女,女所适者某,睨其藏久之。”书证晚出。

通过比较可以发现,"睨"在竺法护译经中仅使用本义"斜视",但在中土文献中不仅可以单独使用,而且除了本义"斜视"外,还增加了两个引申义"视、看"和"窥伺"。

## 十四、省

### (一) 先秦时期

"省"在我们确定的先秦时期语料中共出现 68 次,其中属于视觉类语义场的有 7 例,且只有一个义位"视察、察看",如:

> 郑伯与孔将钮、石甲父、侯宣多省视官具于泛,后听其私政,礼也。(《左传·僖公二十四年》,1818 下)

> 是以君子省众而动,监戒而谋,谋度而行,故无不济。(《国语·晋语三》,315)

### (二) 两汉时期

"省"在我们确定的两汉时期语料中共出现 334 次,其中属于视觉类语义场的有 21 例,也只有一个义位"视察、察看",如:

> 安国为梁使,见大长公主而泣曰:"何梁王为人子之孝,为人臣之忠,而太后曾不省也?"颜师古注:"省,视也。"(《汉书·韩安国传》,2394—2395)

> 臣莽等不胜大愿,愿陛下爱精休神,……惟哀省察!(《汉书·王莽传上》,4050)

### (三) 魏晋时期

"省"在我们确定的魏晋时期语料中共出现 337 次,其中属于视觉类语义场的有 52 例,有以下几个义位:

1.视察、察看。

> 慈躬往省阅,料简轻重,自非殊死,但鞭杖遣之,一岁决刑曾不满十人。(《三国志·魏志·仓慈传》,512)

庸人且为流涕,况仁者乎? 惟将军**省**察之。(《后汉纪·光武帝纪》,138)

2.观看、阅览。

可自今以后,御幸式乾殿及游豫后园,皆大臣侍从,因从容戏宴,兼**省**文书,询谋政事,讲论经义,为万世法。(《三国志·魏志·齐王芳传》,123)

3.探望、问候。[①]

贾和姊病在邻里,欲急知消息,请往**省**之,路遥三千,再宿还报。(《搜神记》卷十五,182)

以上为"省"在中土文献中的义位分布情况,和竺法护译经中的分布情况进行比较,如下表:

| 义位 | 先秦 | 两汉 | 魏晋 | |
|---|---|---|---|---|
| | | | 译经 | 中土 |
| 看 | | | + | + |
| 察看、视察 | + | + | + | + |
| 反省 | | | + | |
| 知晓、懂得 | | | + | |
| 探望、问候 | | + | + | |
| 观看、阅览 | | + | | |

"省"的本义是"视察、察看",《说文·目部》:"省,视也。"(74 上)"省"在视觉类语义场中的表意与"视"、"观"类似,但从使用的频率上看,明显不如"视"和"观",反而是其他不属于视觉类语义场的义位在我们选定的先秦至魏晋语料中出现得更为频繁。究其原因,则是由于"省"在视觉类语义场中的地位不如与之极为相近的"视"和"观";而且与本义相比,其引申义在发展和使用的过程中比较强势,因此,引申义的使用逐渐超过了本义。

---

① 此义项《大词典》首举《礼记·曲礼上》:"凡为人子之礼,冬温而夏清,昏定而晨省。"因不在我们所选定的文献之列,故在前文未列出此义项。

## 十五、望

### (一) 先秦时期

"望"在我们确定的先秦时期语料中共出现 231 次,其中属于视觉类语义场的有 67 例,有以下几个义位:

1.远视、遥望。

> 君其涉于江而浮于海,**望**之而不见其崖,愈往而不知其所穷。(《庄子·山木》,674)

2.瞻视、景仰。

> 夫火烈,民**望**而畏之,故鲜死焉;水懦弱,民狎而玩之,则多死焉。(《左传·昭公二十年》,2094 下)

3.观察、察看。

> 庶士介而夹道,庶人隐窜,莫敢视**望**。(《荀子·正论》,335—336)

### (二) 两汉时期

"望"在我们确定的两汉时期语料中共出现 977 次,其中属于视觉类语义场的有 143 例,有以下几个义位:

1.远视、遥望。

> 高帝南过曲逆,上其城,**望**见其屋室甚大,曰:"壮哉县!吾行天下,独见洛阳与是耳。"(《史记·陈平世家》,2058)

2.瞻视、景仰。

> 是以天下乐其政,归其德,**望**之若父母,从之若流水。(《汉书·晁错传》,2294)

### (三) 魏晋时期

"望"在我们确定的魏晋时期语料中共出现 880 次,其中属于视觉类语义场的有 456 例，且只有一个义位"远视、遥望"，如：

> 上尝登永安（乐）候台，黄门、常侍恶其登高，**望**见居处楼殿。（东晋·袁宏《后汉纪·灵帝纪下》，705）

以上为"望"在中土文献中的义位分布情况，和竺法护译经中的分布情况进行比较，如下表：

| 义位 | 先秦 | 两汉 | 魏晋 | |
|---|---|---|---|---|
| | | | 译经 | 中土 |
| 远视、遥望 | ＋ | ＋ | ＋ | ＋ |
| 瞻视、景仰 | ＋ | ＋ | | |
| 观察、察看 | ＋ | | | |

"望"的本义为"远视、遥望"，一般是从高处指向低处，水平距离可近可远。在整个视觉语义场中没有与之意义相似的词语，因此，"望"不存在竞争，它在语义场中的地位也一直很稳定，使用频率也不断提高（如在魏晋时期"望"出现了 400 多个用例）。

## 十六、相

### （一）先秦时期

"相"在我们确定的先秦时期语料中共出现 437 次，其中属于视觉类语义场的有 12 例，只有一个义位，意为"看、观察"，例如：

> 量力而行之，**相**时而动，无累后人，可谓知礼矣。（《左传·隐公十一年》，1736 下）
> **相**高下，视肥墝，序五种，省农功，谨蓄藏，以时顺修，使农夫朴力而寡能，治田之事也。（《荀子·王制》，168）
> 厉王使玉人**相**之，玉人曰："石也。"（《韩非子·和氏》，95）

### （二）两汉时期

"相"在我们确定的两汉时期语料中共出现 5971 次，其中属于视觉类语

义场的有 7 例,意为"看、观察",例如:

> 相地形,处次舍,治壁垒,审烟斥,居高陵,舍出处,此善为地形者
> 也。(《淮南子·兵略》,1095)

> 及为成人,遂好耕农,相地之宜,宜谷者稼穑焉。(《史记·周本
> 纪》,112)

### (三)魏晋时期

"相"在我们确定的魏晋时期语料中共出现 3160 次,其中属于视觉类语义场的有 4 例,意为"看、观察",例如:

> 允善相印,将拜,以印不善,使更刻之,如此者三。(《三国志·魏
> 志·夏侯玄传》裴注引《魏氏春秋》,303—304)

> 理管弦之长短,相狗马之剿骜,议遨游之处所,比错涂之好恶。
> (《抱朴子外篇·崇教》,162)

> 相地理则书青乌之说,救伤残则缀金冶之术。(《抱朴子内篇·极
> 言》,241)

以上为"相"在中土文献中的义位分布情况,和竺法护译经中的分布情况进行比较,如下表:

| 义位 | 先秦 | 两汉 | 魏晋 | |
|---|---|---|---|---|
| | | | 译经 | 中土 |
| 看、观察 | + | + | | + |
| 相面 | | | + | |

事实上,无论是"相面"还是"相地理"、"相马"、"相印"等,"相"的理性意义都是对事物仔细观察并最终做出选择和评判的意思,只是"相面"的"相"增加了社会意义,带有"通过对面部的观察判断命运"的特殊含义,因此我们没有把它列入"相"纯粹用来表示视觉类语义场的范畴内。不过由于文献典籍的有限,以及内容的社会性,表示"相面"的"相"用例较多(竺法护译经也是同样的情况),表"看、观察"义的用例较少,因此,"相"在我们所选的语料中虽然用例达数千,但真正属于视觉类语义场中的只有寥寥数例。

## 十七、眴

### (一) 先秦时期

"眴"在我们确定的先秦时期语料中仅出现 1 次,且不属于视觉类语义场。

### (二) 两汉时期

"眴"在我们选定的两汉时期语料中共出现 6 次,有两个义位,其中只有第二个义位属于视觉类动词语义场,如下:

1. 眨眼。

眴兮窈窕,孔静幽默。(《史记·屈原列传》,2487)

2. 目转动示意。

须臾,梁眴籍曰:"可行矣!"于是籍遂拔剑斩守头。(《史记·项羽本纪》,297)

### (三) 魏晋时期

"眴"在我们确定的魏晋时期语料中未出现。

以上为"眴"在中土文献中的义位分布情况,和竺法护译经中的分布情况进行比较,如下表:

| 义位 | 先秦 | 两汉 | 魏晋 | |
|---|---|---|---|---|
| | | | 译经 | 中土 |
| 眨眼 | | + | + | |
| 看 | | | + | |
| 目转动示意 | | + | | |

## 十八、瞻

### (一) 先秦时期

"瞻"在我们选定的先秦时期语料中共出现 25 次,其中属于视觉类语义场的有 12 例,用于以下几个义位:

1. 看、望。

　　鸡鸣而驾,塞井夷灶,唯余马首是**瞻**。(《左传·襄公十四年》,1956 下)

2. 尊仰、敬视。

　　及前哲令德之人,所以为明质也;及天之三辰,民所以**瞻**仰也。(《国语·鲁语上》,170)

3. 视,犹照看、照办。

　　隶人、牧、圉,各**瞻**其事。(《左传·襄公三十一年》,2015)

### (二) 两汉时期

"瞻"在我们选定的两汉时期语料中共出现 31 次,其中属于视觉类语义场的有 25 例,用于以下几个义位:

1. 看、望。

　　东窥洛汭、大邳,迎河,行淮、泗、济、漯洛渠;西**瞻**蜀之岷山及离碓。(《史记·河渠书》,1415)

2. 尊仰、敬视。

　　乐安袖袖,古之文学,民具尔**瞻**,困于二司。(《汉书·叙传下》,4263)

3. 观察、察看。

　　若粟在囊中,满盈坚强,立树可见,人**瞻**望之,则知其为粟米囊橐。(《论衡·论死》,873)

（三）魏晋时期

"瞻"在我们选定的魏晋时期语料中共出现 198 次,其中属于视觉类语义场的有 159 例,用于以下几个义位:

1. 看、望。

> 魏,前枕黄河,背漳水,**瞻**王屋,望梁山。(《博物志》,8)①

2. 尊仰、敬视。

> 琰声姿高畅,眉目疏朗,须长四尺,甚有威重,朝士**瞻**望,而太祖亦敬惮焉。(《三国志·魏志·崔琰传》,369)

3. 观察、察看。

> 弃辱儒士,日延小优郭怀、袁信等于建始芙蓉殿前裸袒游戏,使与保林女尚等为乱,亲将后宫**瞻**观。(《三国志·魏志·齐王芳传》裴注引《魏志》,129)

以上为"瞻"在中土文献中的义位分布情况,和竺法护译经中的分布情况进行比较,如下表:

| 义位 | 先秦 | 两汉 | 魏晋 | |
|---|---|---|---|---|
| | | | 译经 | 中土 |
| 看、望 | ＋ | ＋ | ＋ | ＋ |
| 观察、察看 | | ＋ | ＋ | ＋ |
| 仰视、敬视 | ＋ | ＋ | ＋ | ＋ |
| 看病 | | | ＋ | |
| 视,犹照看、照办 | ＋ | | | |

"瞻"的本义是"往上或往前看",有时也泛指表示"观察、察看"。由于观察者与观察对象之间在高度上存在差距,因此引申出含敬辞意味的"尊仰、敬视"义。"瞻"在竺法护译经中还出现了"看病"义,我们认为可能与"觐"在译经中

---

① 　(西晋)张华著,范宁校证:《博物志校证》,北京:中华书局,1980 年。

之有"看见"义类似,是由于作为译者的竺法护一方面追求译经的典雅,另一方面因为没有彻底理清当时社会中处于视觉类语义场中的各个词汇意义之间的微别之处,所以用词求雅,进而过分进行近义替换所出现的一种结果,因此这种语言现象在传世典籍中很难发现,在译经中也用例寥寥,并没有成为主流。

# 第三节　视觉动词语义场成员的语义分析

虽然视觉动词语义场中拥有众多成员,但是这些成员具有明显的差别。主要表现为:从范畴理论上讲,它们隶属中心的程度不同;从语义相似性理论看,它们表示视觉的义位分属不同的层级,也就是说在视觉语义场中处于不同的地位。

## 一、范畴化理论的基本思想

人类在演化过程中发展起来的最基本的认知能力就是对外界事物进行分类或归类,也就是我们所说的范畴化。范畴化是人类认知的重要组成部分,正如 Lakoff 所言:"没有范畴化能力,我们根本不可能在外界或社会生活以及精神生活中发挥作用。"[①]范畴是反映事物本质属性和普遍联系的基本概念,是人类理性思维的逻辑形式。但是,范畴与范畴之间的边界不是固定的、明确的,而是模糊的、不断变化发展的。原型理论认为,很多范畴具有类典型效应或原型效应,范畴的各个成员在范畴中的隶属程度不同,那些拥有范畴的所有特征的成员成为典型或原型成员,而拥有范畴中部分特征的成员成为边缘成员。所以同一范畴内各成员的地位是不同的,即它代表该范畴的程度是不一样的,有中心的、典型的成员和边缘的、非典型的成员之分。原型之所以能最好地表征范畴,是因为它有更多的属性与该范畴的其他成员相同,也就是说,它与更多的成员有共同的属性。这样的范畴具有家族相似性。视觉语义场中的成员亦有隶属度的不同,所有的成员围绕原型"看"形成了一个具有家族相似性的视觉范畴。

---

① 参看 Lakoff, G. *Women, Fire, and Dagerous Things*, Chicago：The University of Chicago Press, 1987, P. 6.

## 二、视觉动词语义场成员语义的层级性

语义是有层级的。从意义相似(通常被认为是共有特征)的最小语义场开始,根据相似程度的差异,不同语义在不同的层面上互相联系,体现为不同的分类层级。以上视觉语义场的内部成员之间就存在层级差异,我们认为该语义场属于"部分—整体"层级,即"上位义—下位义"的关系。根据上文分析,竺法护译经中属于视觉语义场的动词有"看"、"视"、"见"、"观"、"睹"、"顾"、"觐"、"窥"、"览"、"览"、"临"、"眄"、"睥"、"睨"、"省"、"望"、"相"、"眴"和"瞻"等19个成员。虽然它们都属于视觉语义场,但是表意上不尽相同。通过比较,我们认为可以分为以下五类:

1."看"、"视"、"眴"、"瞻":表示"以视线接触人或事物",强调"看"的动作,为视觉语义场的上位义。

2."见"、"睹":表示"看到、看见",强调"看"的结果。

3."观"、"览"、"省":表示"观察、仔细看",强调"看"的程度。

4."顾"指回头看;"临"指从上到下看;"望"指向低处、远处看;"睥"、"睨"均指斜视;"窥"指偷看。以上各词表示"看"的方式不同。

5."觐"本义为朝见帝王,在竺法护译经中表拜见义;"眄"本义为斜视,在竺法护译经中表轻视义;"相"本义为仔细看,在竺法护译经中主要用来表相面义。以上各词在竺法护译经使用的义位处于视觉语义场的边缘,为非典型成员。

我们把上述视觉语义场成员的语义分类以图形的形式表现出来,如图所示:

通过上图我们可以看出：

第一，视觉动词语义场的成员不完全是由其共同特征决定的，成员之间总是享有部分共同的特征，这说明语义场成员的归属是由其家族相似性决定的。如"顾"指回头看；"临"指从上到下看；"望"指向高处、远处看；"睥"、"睨"均指斜视；"窥"指偷看。以上各词的共同特征为"看"，区别性特征为"看"的方式，当属于"看"的下位义。再如"见"和"睹"表示"看到，看见"，而"观"、"览"、"省"表示"观察，仔细看"，以上各词的共同特征为"看"，区别性特征为"看"的结果和程度。

第二，在视觉动词语义场中，某一（些）与其他成员享有更多共同特征的成员为该范畴典型成员，即原型，其他的成员为非典型成员。如"看"、"视"、"眴"、"瞻"均表示"以视线接触人或事物"，强调"看"的动作，当为视觉语义场的典型成员，而"觐"、"眄"、"相"等为非典型成员。

以上我们是从原型范畴理论的角度出发对竺法护译经中的视觉动词语义场的成员进行研究，从家族相似性的程度来考察成员在语义场中所处的地位。通过上图可知，一个范畴内部常常包括中心的部分和边缘的部分。

# 第三章　竺法护译经视觉动词语义场研究(下)

本章主要研究竺法护译经视觉动词语义场的义位组合能力,即视觉动词语义场各成员的组合成词(有的可能尚是词组,暂不作区分)能力。

## 第一节　竺法护译经视觉动词语义场的义位组合能力描写

### 一、看

"看"在竺法护译经中主要有以下几个组合,其中"看"皆为"用视线接触人或事物"义。

1."观看",表示"参观、观察、观赏",在译经中仅有 1 例:

不知法者,以时**观看**。(《度世品经》卷五,10/646/a)

2."窥看",表示"偷看",在译经中也仅 1 例:

窗牖显明,视瞻四顾;于斯**窥看**,不可得常。(《正法华经》卷二,09/76/b)

### 二、视

"视"在竺法护译经中用于以下几个组合:

1."视瞻",表示"观看瞻望",在竺法护译经中共见 8 例。如:

六日更相观视,七日姿弄唇口,八日**视瞻**不端,九日娑媒细视。

（《佛说普曜经》卷六,03/519/b）

2."视听",连文表示"看和听",在译经中共3例。如：

众根不具足,应时悉**视听**；其身皆备悉,淫怒痴尘劳。（《佛说普曜经》卷五,03/513/c）

3."视见",即看到,仅见1例：

女谓目捷连,怛萨阿竭——持三昧,**视见**恒沙中数人民意念所趣向。（《佛说阿阇贳王女阿述达菩萨经》,12/86/a）

4."彻视",形容无所不见,译经中共见25例。如：

善权护者修众德本而不回还,善权天眼得佛十眼,**彻视**十方而无边际。（《阿差末菩萨经》卷七,13/610/b）

5."谛视",指"仔细察看",译经中共见9例。如：

时所作魔,观察变动诸法王菩萨,**谛视**其身而目不眴。（《大哀经》卷六,13/439/b）

6."奉视",形容尊敬地看,译经中共见2例。如：

因欲往到无量勋宝屬净王如来所,**奉视**稽首谘问听受经典。（《密迹金刚力士会》卷二,11/50/a）

7."顾视",指"转视、回视",译经中共见7例。如：

王闻太子语,欢欣踊跃,即与夫人驾四望象车,往迎太子。太子**顾视**父王,下车避道。（《佛说太子慕魄经》卷一,03/410/c）

8."观视",指"观看、观察",译经中共见16例。如：

有明眼人住于山顶,**观视**城郭、郡国、县邑、聚落、人民……（《修行道地经》卷三,15/200/b）

9."加视",犹"看",译经中仅有1个用例：

何谓观土度无极有六事？常抱仁慈不以害眼**加视**众人,是曰布施。（《贤劫经》卷三,14/22/b）

10.“见视”,表示看到,译经中仅有 1 个用例:

　　方来入城,**见视**讲堂。高广严净,都雅殊妙。(《佛说琉璃王经》卷一,14/783/b)

11.“普视”,广览博观,形容无所不见。译经中共见 3 例。如:

　　智慧元首口辞真故,如来之眼**普视**无边,是为不共诸佛之法。(《宝女所问经》卷三,13/468/a)

12.“目视”,指用眼睛看,译经中共见 4 例。如:

　　骨节相拄如连铁锁,谛见如是尚不足蹈,况复亲近而**目视**之。(《修行道地经》卷一,15/188/c)

13.“望视”,指“远视、仰视”,译经中仅见 1 例:

　　唇口燋干热炙身体,张口吐舌劣极甚渴,四顾**望视**其心迷惑,遥见野马意为是水。(《修行道地经》卷四,15/208/b)

14.“相视”,犹言“相对注视”,译经中共见 3 例。如:

　　五道众生,辗转**相视**,皆见菩萨,如观手指。(《佛说普曜经》卷五,03/515/b)

15.“遥视”,表示远看,译经中共见 7 例。如:

　　犹若国王,**遥视**如山,暴鸣哮吼譬如雷声。(《修行道地经》卷三,15/197/a)

16.“远视”,表示“看得远”,译经中共见 3 例。如:

　　高望**远视**,犹若鸿鹄。(《生经》卷四,03/99/c)

17.“瞻视”,词义为“观看、顾盼”,译经中共见 15 例。如:

　　其修行者假使睡眠,当念无常不久趣死,想干众苦生死之恼,澡手盥面**瞻视**四方。(《修行道地经》卷三,15/200/a)

18.“洞视”,义为“看透、透彻地了解”,译经中共见 3 例。如:

　　即时令得不起法忍,眼能**洞视**,耳能彻听。(《弥勒菩萨所问本愿

经》卷一,12/187/c)

19."省视",义为"察看、探望",译经中共见 3 例。如:

　　不见众生之所立居,**省视**一切蚑行喘息人物之类,悉是泥洹。(《佛说阿惟越致遮经》卷一,09/203/a)

20."护视",指"护卫照看",译经中有 2 例。如:

　　于是颂曰:如牧牛者遥往察,群在泽上而**护视**,持御数息亦如是。(《修行道地经》卷五,15/216/b)

21."视眴",犹"看",译经中仅见 1 例:

　　于是颂曰:"弱颜愚无慈,强额而自举;眼目不**视眴**,燋焠数叹息。"(《修行道地经》卷二,15/193/a)

　　**附:"视"在竺法护译经视觉动词语义场中的义位分布及其组合情况示意图:**

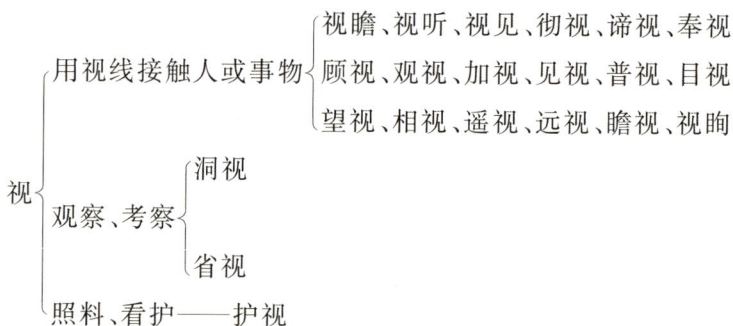

```
                          ┌ 视瞻、视听、视见、彻视、谛视、奉视
           用视线接触人或事物┤ 顾视、观视、加视、见视、普视、目视
                          └ 望视、相视、遥视、远视、瞻视、视眴
    视 ┤        ┌ 洞视
       │ 观察、考察┤
       │        └ 省视
       └ 照料、看护──护视
```

## 三、睹

"睹"在竺法护译经中有以下几个属于视觉语义场的组合:

1."睹见",犹看到。在译经中共出现 227 例。如:

　　**睹见**八方上下,神通已达皆然。(《光赞经》卷二,08/160/a)

2."彻睹",形容无所不见。在译经中共出现 10 例。如:

　　其修行者以天眼视人及非人,是非善恶,端政丑陋,**彻睹**心行,所明窈冥。(《修行道地经》卷三,15/201/a)

3.“观睹”,表观看义。在译经中共出现 17 例。如:

不入教诲轻慢之内,**观睹**如有,而无恶趣。(《佛说如来兴显经》卷四,10/615/a)

4.“睹观”,表观看义。在译经中共出现 3 例。如:

心性所归诸根本,若人**睹观**尊颜容。(《佛说海龙王经》卷二,15/143/c)

5.“见睹”,犹看到。在译经中共出现 6 例。如:

见**睹**如来经行之时,诸天人民心自念言。(《大宝积经》卷十,11/53/b)

6.“目睹”,指亲眼看到。在译经中共出现 53 例。如:

彼时所作罪福普悉念之,**目睹**悉见前世所作。(《佛说海龙王经》卷四,15/151/c)

7.“遥睹”,犹远看。在译经中共出现 14 例。如:

**遥睹**世尊洪焰晖赫晃若宝山,天姿紫金巨容丈六。(《佛说月光童子经》卷一,14/817/a)

8.“瞻睹”,指“观看、看见”。在译经中共出现 6 例。如:

于是世尊承如来旨已自然圣,令三千大千世界众生悉共**瞻睹**。(《光赞经》卷一,08/148/a)

9.“睹察”,犹观察。在译经中共出现 9 例。如:

在金刚藏菩萨体中,又复**睹察**三千大千世界,亦在其体。(《渐备一切智德经》卷五,10/492/c)

10.“探睹”,指探察、观看。在译经中共出现 2 例。如:

入于如来无畏精进,**探睹**众生一切诸根。(《佛说如来兴显经》卷一,10/593/c)

11.“望睹”,犹瞭望、眺望。在译经中仅出现 1 例:

为无量福田,悉消诸音响,值佛成众佑,无能**望睹**者。(《佛说普曜

经》卷六,03/523/a)

12.“觐睹”,犹觐见。在译经中仅出现 1 例：

> **觐睹**诸佛,以无见之慧,流归诸佛之海。(《等目菩萨所问三昧经》
> 卷下,10/586/a)

附：“睹”在竺法护译经视觉动词语义场中的义位分布及其组合情况示
意图：

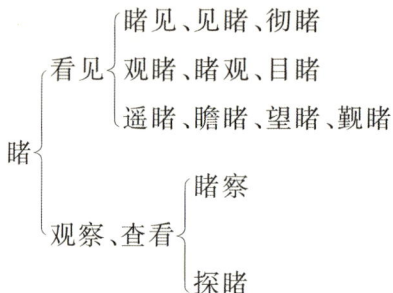

```
                  ┌ 睹见、见睹、彻睹
            ┌ 看见┤ 观睹、睹观、目睹
            │     └ 遥睹、瞻睹、望睹、觐睹
        睹 ┤
            │           ┌ 睹察
            └ 观察、查看┤
                        └ 探睹
```

## 四、顾

“顾”在竺法护译经中有以下几个属于视觉语义场的组合：

1.“顾视”,详见“视”条。

2.“顾眄”表示回视。译经中共出现 7 例,如：

> 时金刚藏,察于十方诸菩萨等,观众部会,**顾眄**法界,谘嗟发起一切
> 智心。(《渐备一切智德经》卷五,05/495/a)

3.“顾念”表示“眷顾想念、念及”。译经中共出现 3 例,如：

> 夫死何足惜而违心信,**顾念**二子是以恳恳,生不识母各当没命。
> (《鹿母经》卷一,03/455/b)

4.“顾恋”表示“顾念留恋”。译经中共出现 2 例,如：

> 若以圣明灭淫怒痴,如王弃国出家为道,衣毛为竖,众默啼哭不以
> **顾恋**,是曰智慧。(《贤劫经》卷三,14/022/b)

5.“顾省”表示“顾念省察”。译经中共出现 1 例：

> 即起欲去不得自在,**顾省**其父知之觉起,立启。(《佛说普曜经》卷

三,03/503/c)

**附:**"顾"在竺法护译经视觉动词语义场中的义位分布及其组合情况示
意图:

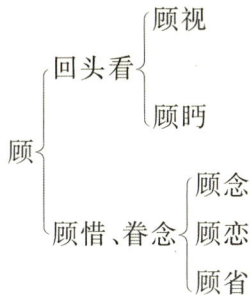

```
              ┌ 顾视
        ┌回头看┤
        │      └ 顾眄
    顾 ┤
        │            ┌ 顾念
        └顾惜、眷念┤ 顾恋
                     └ 顾省
```

## 五、观

"观"在竺法护译经中有以下几个属于视觉语义场的组合,其中"观"属
于"观看"义的有:

1."观见",表"看见"。在译经中共出现 39 例。如:

愿今我尊在所至趣,离垢无尘愍慈行哀,**观见**宫殿妙音已逝。(《佛
说普曜经》卷四,03/507/b)

2."观视",详见"视"条。

3."观瞻",表"瞻望、观赏、观看"。在译经中共出现 2 例。如:

总持最无觉,众生来**观瞻**;视之无厌极,其行喻日光。(《大哀经》卷
七,13/444/a)

4."观察",表"审视、视察、察看"。在译经中共出现 294 例。如:

以此方便,求于经典,若使闻法,如法**观察**,一心解达。(《渐备一切
智德经》卷二,10/468/b)

5."观游",表"观赏、游览"。在译经中共出现 11 例。如:

是为菩萨等**观游**于地狱。(《佛说普门品经》,11/773/a)

6."谛观",表"审视、仔细看"。在译经中共出现 48 例。如:

**谛观**罪福,不造殃衅。(《度世品经》卷四,10/643/a)

7."睹观",详见"睹"条。

8."观睹",详见"睹"条。

9."观历",犹阅读、涉猎。在译经中共出现 11 例。如：

如吾**观历**诸经本末是则死应,面色惶懅眼睫为乱。(《修行道地经》卷一,15/184/b)

10."普观",犹广泛观察。在译经中共出现 39 例。如：

等心众生,亦等诸法。**普观**佛土,性行无二。(《度世品经》卷一,10/622/b)

11."审观","仔细观察"。在译经中共出现 5 例。如：

修行如是,从初发意时,观其毛发,为是我所为在他所,**审观**如是察其发头。(《修行道地经》卷四,15/210/c)

12."观看",详见"看"条。

13."游观"指"游逛观览"。在译经中共出现 61 例。如：

时转轮王,**游观**四方,还欲归宫。(《生经》卷四,03/98/a)

14."观护",犹看护。在译经中共出现 7 例。如：

修法觉意,精进觉意,欢悦觉意,笃信觉意,**观护**觉意,成就闲静。(《渐备一切智德经》卷二,10/471/a)

附:"观"在竺法护译经视觉动词语义场中的义位分布及其组合情况示意图:

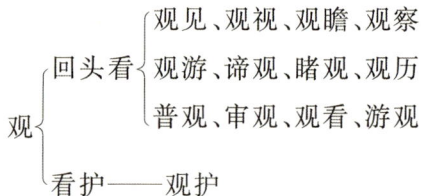

```
                    ┌ 观见、观视、观瞻、观察
              回头看 ┤ 观游、谛观、睹观、观历
          观 ┤     └ 普观、审观、观看、游观
              看护——观护
```

## 六、见

"见"在竺法护译经中有以下几个属于视觉语义场的组合,其中"见"皆属于"看见"义:

1."见闻",指"耳闻目睹"。在译经中共出现 67 例。如:

　　应时菩萨,现诸官人。其诸天子,古昔以来,所未**见闻**。(《度世品经》卷五,10/649/b)

2."闻见",动词,表"听到和看见"义。在译经中共出现 22 例。如:

　　佛语舍利弗:"阿尼弥沙土者,……不**闻见**女人,所以者何? 皆由化生莲华交露。"(《阿差末菩萨经》卷一,13/585/b)

3."察见",指"察看分辨"。在译经中共出现 15 例。如:

　　吾当**察见**众生之心所可念者,当念过去所游居处,我以天眼见诸群萌在所之处。(《光赞经》卷一,08/155/a)

4."彻见",洞察一切,形容无所不见。在译经中共出现 5 例。如:

　　其眼**彻见**,在所救济,多所拥护。(《正法华经》卷四,09/90/b)

5."谛见",仔细看。在译经中共出现 18 例。如:

　　**谛见**五阴所从起灭,灭尽为定知见如是。(《修行道地经》卷六,15/221/c)

6."奉见",敬辞,犹观看。在译经中共出现 11 例。如:

　　吾宁可往诣彼世界,**奉见**诸佛谘受经典。(《诸佛要集经》卷一,17/762/a)

7."观见",详见"观"条。

8."望见","从高处、远处看到"。在译经中共出现 4 例。如:

　　有人冥行路,**望见**树谓贼,愚人亦如是。(《修行道地经》卷四,15/210/c)

9."普见",形容无所不见。在译经中共出现 100 例。如:

　　假使菩萨逮得斯定,**普见**一切诸色清净。(《佛说普门品经》,11/776/b)

10."遥见",犹远远看到。在译经中共出现 94 例。如:

> 使者四布,**遥见**斯童有异人之姿,辄寻遣人。(《生经》卷一,03/77/a)

11."睹见",详见"睹"条。

12."见睹",详见"睹"条。

13."觐见",指"会见、拜见"。在译经中共出现 1 例。如:

> 诸菩萨众,**觐见**如来,至无限量。(《佛说如来兴显经》卷二,10/598/b)

14."瞻见",指远望。在译经中共出现 5 例。如:

> 无有山陵丘墟溪谷荆棘砾石,……犹如诸天宫殿丽妙遥相**瞻见**。(《正法华经》卷五,09/95/b)

15."视见",详见"视"条。

16."见视",详见"视"条。

## 七、觐

"觐"在竺法护译经中有以下几个属于视觉语义场的组合,其中"觐"皆属于"拜见"义:

1."觐瞻",犹觐见。在译经中仅出现 1 例:

> 时诸沙弥,**觐瞻**大圣,在于静室,而不出游。(《正法华经》卷四,09/93/a)

2."觐睹",详见"睹"条。

3."觐见",详见"见"条。

4."朝觐",谓臣子朝见君主。在译经中仅出现 1 例。如:

> 令书此状内于带中,侠恶识非严退,还归不复前至**朝觐**外家。(《佛说琉璃王经》,14/783/b)

5."奉觐",敬辞,犹觐见。在译经中共出现 14 例。如:

> 斯六十亿姟数菩萨,来诣此会听说经典,**奉觐**世尊稽首谘受。(《佛说无言童子经》卷二,13/532/a)

6."瞻觐",朝见、觐见。在译经中共出现3例。如:

供养过去无数诸佛,曾当**瞻觐**如来至真等正觉。(《正法华经》卷一,09/63/c)

## 八、窥

"窥"在竺法护译经中只有一个属于视觉语义场的组合,其中"窥"属于"偷看"义。"窥看",在译经中仅出现1例。详见"看"条。

## 九、览

"览"在竺法护译经中只有一个属于视觉语义场的组合,其中"览"属于"观看"义。"博览",犹广泛观览。在译经中共出现2例。如:

佛言:"如是菩萨大士**博览**广闻则为慧柱。"(《等集众德三昧经》卷二,12/978/b)

## 十、临

"临"在竺法护译经中只有一个组合"临眄",其中"临"属于"从高处往下看"义,在译经中共有2例,表示敬辞,犹省视。如:

稽首佛足下,长跪白言:善来安住,愿降圣尊屈神**临眄**。(《佛说梵志女首意经》,14/939/b)

## 十一、眄

"眄"在竺法护译经中有以下几个属于视觉语义场的组合,其中"眄"皆属于"看,从用视线接触人或事物"义。

1."顾眄",详见"顾"条。

2."临眄",详见"临"条。

## 十二、睥、睨

"睥"、"睨"在竺法护译经中组合构成双音词"睥睨",表斜视,有厌恶、傲慢等意。如：

> 宝树药树诸众果树，**睥睨**距跩低仰如人跪礼之形。(《佛说月光童子经》,14/815/a)

## 十三、省

"省"在竺法护译经中有以下几个属于视觉语义场的组合,其中"省"皆属于"仔细看"义：

1."省察",审察、仔细考察。在译经中共出现 17 例。如：

> 息从鼻还转至咽喉,遂到脐中,从脐还鼻,当**省察**之。(《修行道地经》卷五,15/216/c)

2."省视",详见"视"条。

3."顾省",详见"顾"条。

## 十四、望

"望"在竺法护译经中有以下几个属于视觉语义场的组合,其中"望"皆属于"向远处看"义：

1."望见",详见"见"条。

2."望睹",详见"望"条。

3."瞻望",指"远望、展望"。在译经中共出现 3 例。如：

> 喻有天子,名曰自在,又名善门,所向**瞻望**。(《佛说如来兴显经》卷二,10/602/a)

4."高望",指"登高远望"。在译经中共出现 2 例。如：

> **高望**远视,犹若鸿鹄。(《生经》卷四,03/99/c)

5."遥望",犹远远地看。在译经中共出现 4 例。如：

> 贪见道人无有极已,便即上树**遥望**道人。(《佛说龙施菩萨本起经》,14/910/b)

6."望视",详见"视"条。

## 十五、相

"相"在竺法护译经中没有属于视觉类语义场的组合。

## 十六、眴

"眴"在竺法护译经中只有一个属于视觉类语义场的组合,其中"眴"属于"看"义。"视眴",详见"视"条。

## 十七、瞻

"瞻"在竺法护译经中有以下几个组合:

1."瞻睹",详见"睹"条。

2."瞻视",详见"瞻"条。

3."视瞻",详见"瞻"条。

4."观瞻",详见"观"条。

5."普瞻",广泛瞻视。在译经中共出现3例。如:

　　承佛圣旨,十方众圣之所接护,观于十方,察诸众会,**普瞻**法界。(《度世品经》卷六,10/653/c)

6."瞻察",指观察。在译经中共出现7例。如:

　　声闻哀者察于慈心,**瞻察**开化为菩萨哀。(《大哀经》卷三,13/424/c)

7."谛瞻",犹看透、完全看清。在译经中仅出现1例:

　　姿颜威严而不可逮,极上穷下无能**谛瞻**,遵建所修莫能计量。(《持心梵天所问经》卷一,15/1/a)

8."瞻见",详见"见"条。

9."瞻觐",详见"觐"条。

10."瞻仰",指仰望。在译经中共出现4例。如:

　　此四童子所至郡国城郭县邑,一切人民无远无近,皆倾侧**瞻仰**,无不欣戴。(《佛说方等般泥洹经》卷一,12/917/b)

11."觐瞻",详见"觐"条。

12.“瞻望”,详见“望”条。

**附:**“瞻”在竺法护译经视觉动词语义场中的义位分布及其组合情况示意图:

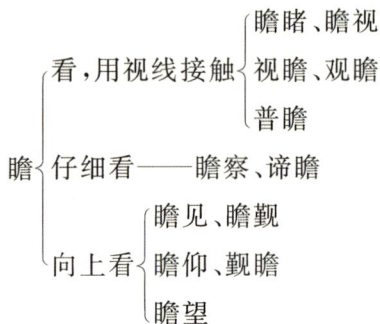

```
                            ┌ 瞻睹、瞻视
            看,用视线接触 ┤ 视瞻、观瞻
                            └ 普瞻
    瞻 ┤ 仔细看——瞻察、谛瞻
                            ┌ 瞻见、瞻觐
            向上看 ┤ 瞻仰、觐瞻
                            └ 瞻望
```

# 第二节　视觉动词语义场义位在中土文献中的组合能力描写

## 一、看

### (一) 先秦时期

“看”在先秦时期我们所选定的语料中没有属于视觉类语义场的组合。

### (二) 两汉时期

“看”在两汉时期我们所选定的语料中没有属于视觉类语义场的组合。

### (三) 魏晋时期

“看”在魏晋时期的文献中属于视觉类语义场的组合有:

1.“看伺”1例,指窥伺。如:

今此郡民,虽外名降首,而故在山草,**看伺**空隙,欲复为乱。(《三国志·吴志·周鲂传》,1388)

2.“看察”1例,犹窥伺。如:

专共交关,**看察**至尊,候伺神器,离间二宫,伤害骨肉。(《三国志·魏志·曹爽传》,286)

## 二、视

### (一) 先秦时期

"视"在我们所选定的先秦语料中有以下几个属于视觉类语义场的组合:

1."视事",指就职治事,共 2 例。如:

甲戌,绲诸北郭,崔子称疾,不**视事**。(《左传·襄公二十五年》,1983 中)

2."覆视",指查核、察看。共 1 例。如:

藏在周府,可**覆视**也。(《左传·定公四年》,2135 下)

3."视朝",谓临朝听政。共 1 例。如:

寡人如就见者也,有寒疾,不可以风;朝将**视朝**,不识可使寡人得见乎?(《孟子·公孙丑下》,2694 上)

4."瞻视",观瞻,犹指外观。共 1 例。如:

君子正其衣冠,尊其**瞻视**,俨然人望而畏之,斯不亦威而不猛乎!(《论语·尧曰》,2535 下)

5."视望",指远看。共 1 例。如:

诸侯持轮、挟舆、先马,大侯编后,大夫次之,小侯元士次之,庶士介而夹道,庶人隐窜,莫敢**视望**。(《荀子·正论》,336)

6."望视",指远视、仰视。共 1 例。如:

既而言之曰:"有陈豹者,长而上偻,**望视**,事君子必得志,欲为子臣,吾惮其为人也,故缓以告。"(《左传·哀公十四年》,2173 中)

7."眂视",指斜着眼看。共 1 例。如:

人趋己趋,则若己者至。冯几据杖,**眂视**指使,则厮役之人至。

（《战国策·燕策一》,1685）

**附："视"在先秦时期语料中的义位分布及其组合情况示意图：**

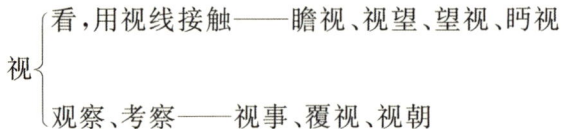

视 ｛ 看,用视线接触——瞻视、视望、望视、眄视

观察、考察——视事、覆视、视朝

### （二）两汉时期

"视"在两汉时期我们所选定的语料中新增了以下几个属于视觉类语义场的组合：

1."视遇",指看待。共3例。如：

　　怜曾孙之亡辜,使女徒复作淮阳赵征卿、渭城胡组更乳养,私给衣食,**视遇**甚有恩。（《汉书·宣帝纪》,235）

2."视省",犹查看。仅出现1例。如：

　　吉即时病,辄使臣尊朝夕请问皇孙,**视省**席蓐燥湿。（《汉书·丙吉传》,3149）

3."达视",指明察,把问题看得很清楚,共出现9例。如：

　　夫先知远见,**达视**千里,人才之隆也,而治世不以责于民。（《淮南子·齐俗》,811）

4."视听",指看和听。共出现10例。如：

　　据术任数,相合其意,不达**视听**,遥见流目以察之也。（《论衡·实知》,1079）

5."顾视",指转视、回视。仅出现1例。如：

　　邻国望我,欢若亲戚,芬若椒兰,**顾视**其上,犹焚灼仇雠。（《汉书·刑法志》,1086）

6."观视",指观看、观察。共出现3例。如：

　　宣心知惠不能,留彭城数日,案行舍中,处置什器,**观视**园菜,终不问惠以吏事。（《汉书·薛宣传》,3397）

7.“视瞻”,形容顾盼的神态。仅出现 1 例。如:

后去数召姬荣爱与饮,昭信复谮之,曰:“荣姬**视瞻**,意态不善,疑有私。”(《汉书·景十三王传》,2430)

8.“候视”,伺望、侦视。共出现 2 例。如:

是时,康居**候视**汉兵尚盛,不敢进。(《汉书·李广利传》,2701)

9.“窥视”,指暗中观察、偷看。仅出现 1 例:

后郴因事过至宣家,**窥视**,问其变故,云畏此蛇,蛇入腹中。(《风俗通义》卷九《怪神》“世间多有见怪惊怖以自伤者”条,388)

10.“护视”,指护卫照看。共出现 3 例。如:

使者**护视**,发取市物,百贾震动。(《汉书·王嘉传》,3496)

11.“窃视”,指偷看。仅出现 1 例。如:

日磾等数十人牵马过殿下,莫不**窃视**,至日磾独不敢。(《汉书·金日磾传》,2959)

12.“临视”,指亲临省视。共出现 4 例。如:

何素不与曹参相能,及何病,孝惠自**临视**相国病。(《史记·萧相国世家》,2019)

13.“审视”,指仔细察看。仅出现 1 例。如:

次公止车,**审视**之,相者曰:“今此妇人不富贵,卜书不用也。”(《论衡·骨相》,116)

14.“省视”,指察看、探望。仅出现 1 例。如:

当其贫困时,人莫**省视**;至其贵也,乃争附之。(《史记·滑稽列传》,3208—3209)

15.“熟视”,指注目细看。共出现 3 例。如:

于是信**熟视**之,俯出跨下,匍匐,一市人皆笑,以为信怯。(《风俗通义》卷七《穷通》“韩信”条,332)

16．"听视"，犹见闻。共出现 6 例。如：

予数与群公祭酒上卿亲**听视**，咸已通矣。（《汉书·王莽传中》，4129）

17．"相视"，指相对注视。共出现 6 例。如：

宋忠为中大夫，贾谊为博士，同日俱出洗沐，相从论议，诵易先王圣人之道术，究遍人情，**相视**而叹。（《史记·日者列传》，3215）

**附："视"在两汉时期语料中的义位分布及其新增组合情况示意图：**

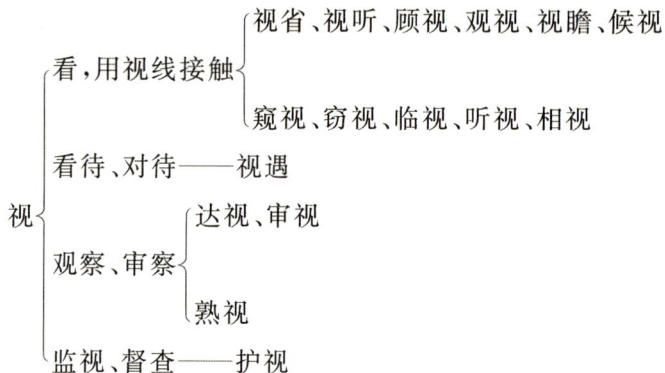

视 {
看，用视线接触 {
视省、视听、顾视、观视、视瞻、候视
窥视、窃视、临视、听视、相视
}
看待、对待——视遇
观察、审察 {
达视、审视
熟视
}
监视、督查——护视
}

**（三）魏晋时期**

"视"在魏晋时期我们所选定的语料中又出现了以下几个属于视觉类语义场的组合：

1．"视候"，指察看。共出现 2 例。如：

宝性不甘酒，**视候**甚明，筋者不敢发。（《三国志·魏志·刘晔传》，443）

2．"觇视"，指窥视，探看。共出现 2 例。如：

全公主使人**觇视**，因言太子不在庙中。（《三国志·吴志·孙和传》，1369）

3．"彻视"，犹洞察、透视。共出现 2 例。如：

柠木实之赤者，饵之一年，老者还少，令人**彻视**见鬼。（《抱朴子内篇·仙药》，205）

4."澄视",指明察。共出现 2 例。如:

　　故**澄视**于三辰者,不遑纤鉴于井谷;清听于《韶》、《濩》者,岂暇垂耳于《桑间》。(《抱朴子外篇·博喻》,295)

**附**:"视"在魏晋时期语料中的义位分布及其组合情况示意图:

　　　　　　　看,用视线接触——视候、觇视
　　视
　　　　　　　观察、考察——彻视、澄视

## 三、睹

### (一) 先秦时期

"睹"在先秦时期我们所选定的语料中没有属于视觉类语义场的组合。

### (二) 两汉时期

"睹"在两汉时期我们所选定的语料中,有以下几个属于视觉类语义场的组合,其中"睹"皆为"观看、看见"义:

1."植睹",指直视。在两汉时期的文献中仅出现 1 例。如:

　　使狐瞋目**植睹**,见必杀之势,雉亦知惊惮远飞以避其怒矣。(《淮南子·人间》,1309)

2."豫睹",犹"豫见",预先估计到事物发展过程中可能出现的情况,或事先推断其结果。仅 1 例。如:

　　谶书秘文,远见未然,空虚暗昧,**豫睹**未有,达闻暂见,卓谲怪神,若非庸口所能言。(《论衡·实知》,1072)

3."睹微见著"犹"睹微知著",看到事物的细微迹兆,就可认识其实质和发展。仅 1 例。如:

　　孔子**睹微见著**,故径庭丽级,以救患直谏。(《论衡·薄葬》,963)

4."睹闻",指亲见亲闻。仅 1 例。如:

　　朕之不敏,不能远德,此子大夫之所**睹闻**也。(《汉书·武帝纪》,161)

（三）魏晋时期

"睹"在魏晋时期我们所选定的语料中,新增了以下几个属于视觉类语义场的组合,其中"睹"皆为"观看,看见"义:

1."瞻睹",指观看、看见。仅出现1例。如:

> 才秀藻朗,如玉之莹,听察无向,**瞻睹**未形。(《三国志·魏志·文帝纪》裴注引《魏氏春秋》,87)

2."睹微知著",指看到事物的细微迹兆,就可认识其实质和发展。

> 仆虽不敏,又素不能原始见终,**睹微知著**,窃度主人之心,岂谓三子宜死,罚当刑中哉?(《三国志·魏志·臧洪传》,234)

3."预睹",犹"豫睹",预先估计到事物发展过程中可能出现的情况,或事先推断其结果。共2例。如:

> 而臣疾与年偕,今者虚瘵,又不获躬亲,斋戒**预睹**彭祖丹砂之变,于此邈矣。(《神仙传》卷六,118)

4."闻睹",同"睹闻",指亲见亲闻。仅1例。如:

> 盖非一耳一目之所亲**闻睹**也,又安敢谓无失实者哉。(《搜神记·序》,2)

5.睹见,犹看见。共2例。如:

> 今年六月末,奉闻吉日,龙兴践阼,恢弘大緜,整理天纲,将使遗民,**睹见**定主。(《三国志·吴志·胡综传》,1415)

## 四、顾

（一）先秦时期

"顾"在先秦时期我们所选定的语料中没有属于视觉类语义场的组合。

（二）两汉时期

"顾"在两汉时期我们所选定的语料中属于视觉类语义场的组合有:

1. "顾眈",指回视、环视。共 3 例。如:

> 人有**顾眈**,以人效天,事易见,故曰眷顾。(《论衡·初廪》,130)

2. "顾省",指顾念省察。共 2 例。如:

> 以汤、武至尊严,不失肃祇,舜在假典,**顾省**厥遗。(《汉书·司马相如传上》,2609)

3. "顾瞻",指回视、环视。共 2 例。如:

> 王朝肃清,唯俊之庭,**顾瞻**余躬,惧秽此征。(《汉书·韦贤传》,3105)

4. "顾望",指观看。共 5 例。如:

> 二黄龙见,长出十六丈,身大于马,举头**顾望**,状如图中画龙,燕室丘民皆观见之。(《论衡·验符》,842)

5. "顾见",犹看见。共 10 例。如:

> **顾见**汉骑司马吕马童,曰:"若非吾故人乎?"(《史记·项羽本纪》,336)

6. 顾视,详见"视"条。

7. 顾眄[①],指"回视"共 1 例。如:

> 是故鲁连飞一矢而蹶千金,虞卿以**顾眄**而捐相印也。(《汉书·叙传》,4227)

附:"顾"在两汉时期语料中的义位分布及其组合情况示意图:

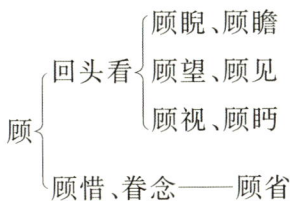

$$\text{顾} \begin{cases} \text{回头看} \begin{cases} \text{顾眈、顾瞻} \\ \text{顾望、顾见} \\ \text{顾视、顾眄} \end{cases} \\ \text{顾惜、眷念——顾省} \end{cases}$$

## (三) 魏晋时期

"顾"在魏晋时期我们所选定的语料中新增了一个属于视觉类语义场的

---

① "顾眄"、"顾眄"产生之初可能是因为讹误,前人(如王观国《学林》)早已指出,但由于我们这里所讨论的是"顾",且讹误本身也是汉语新词产生的原因之一,故此处依然据以讨论。

组合:"顾盼",指环视、左顾右盼。共 3 例。如:

> 升降乎阶际,**顾盼**兮屏营。(西晋·陆机《陆机集·愍思赋》,20)

## 五、观

### (一) 先秦时期

"观"在先秦时期我们所选定的语料中有以下四个属于视觉类语义场的组合,其中"观"皆为"观察、察看"义:

1."观见",指看见。仅 1 例。如:

> 谓卫人曰:"客为棘削之?"曰:"以削。"王曰:"吾欲**观见**之。"(《韩非子·外储说左上》,627)

2."观赏",指显示赏赐。仅出现 1 例。如:

> 臣以卑俭为行,则爵不足以**观赏**。(《韩非子·外储说左下》,674)

3."观瞻",指瞻望、观赏、观看。共 1 例。如:

> 初,右司马子国之卜也,**观瞻**曰:"如志。"(《左传·哀公十八年》,2180 上)

4."临观",指从高处向下看。共 1 例。如:

> 故榭度于大卒之居,台度于**临观**之高。(《国语·楚语上》,545)

### (二) 两汉时期

"观"在两汉时期我们所选定的语料中新增了几个属于视觉类语义场的组合:

1."观望",指观瞻、外观。共 5 例。如:

> **观望**广丽,从臣咸念,原道至明。(《史记·秦始皇本纪》,250)

2."博观",指广泛地观察或观览。共 6 例。如:

> 臣闻明主不恶切谏以**博观**,忠臣不避重诛以直谏。(《汉书·主父偃传》,2799)

3.“观游”,指观赏游览。共 2 例。如:

罕徂离宫而辍**观游**,土事不饰,木功不雕,承民乎农桑,劝之以弗迫。(《汉书·扬雄传上》,3553)

4.“窥观”,指暗中察看。仅有 1 例:

时汉连伐胡,数通使相**窥观**,匈奴留汉使郭吉、路充国等,前后十余辈。(《汉书·苏建传》,2459)

5.“览观”,指观察。共 13 例。如:

遣太中大夫强等十二人循行天下,存问鳏、寡,**览观**风俗,察吏治得失,举茂材异伦之士。(《汉书·宣帝纪》,258)

6.“审观”,指仔细观察。仅出现 1 例:

凡人君父**审观**臣子之性,善则养育劝率,无令近恶。(《论衡·率性》,68)

7.“游观”,指游逛观览。共 10 例。如:

从行至甘泉、雍、河东,东巡狩,封泰山,塞决河宣房,**游观**三辅离宫馆。(《汉书·枚乘传》,2367)

8.“观览”,指观察、视察。共 10 例。如:

书数十上,以助**观览**,补遗阙。(《汉书·楚元王传》,1958)

9.“观视”,详见“视”条。

10.“观省”,指观察、观看。共 1 例。如:

默入市里,**观省**风俗,已,呼亭长,问新令为谁,从何官来,何时到也。(《风俗通义》卷四《过誉》“江夏太守河内赵仲让”条,203)

**附:**“观”在两汉时期语料中的义位分布及其组合情况示意图:

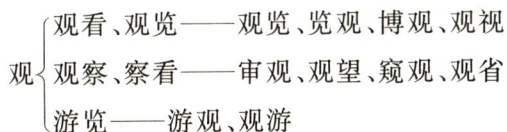

观 { 观看、观览——观览、览观、博观、观视 / 观察、察看——审观、观望、窥观、观省 / 游览——游观、观游 }

## （三）魏晋时期

"观"在魏晋时期我们所选定的语料中除前列先秦、两汉时期组合外尚有以下几个属于视觉类语义场的组合：

1."观察"，指审视、视察、察看。共出现5例。如：

> 武帝使侍中荀彧、和峤俱至东宫，**观察**太子。（《三国志·魏志·荀彧传》裴注引干宝《晋纪》，320）

2."观看"，详见"看"条。

3."瞻观"，指瞻仰、观看。仅2例。如：

> 日延小优郭怀、袁信等于建始芙蓉殿前裸袒游戏，使与保林、女尚等为乱，亲将后宫**瞻观**。（《三国志·魏志·齐王纪》裴注引《魏书》，129）

附："观"在魏晋时期语料中的义位分布及其新增组合情况示意图：

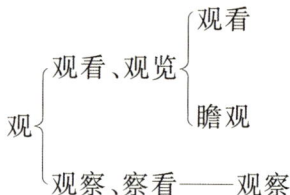

```
                  ┌观看
        观看、观览┤
    观┤           └瞻观
        观察、察看——观察
```

# 六、见

## （一）先秦时期

"见"在先秦时期我们所选定的语料中有四个属于视觉类语义场的组合，其中"见"皆为"看见、看到"义：

1."望见"，指从高处、远处看到。共11例。如：

> 甲戌，将战，邮无恤御简子，卫太子为右。登铁上，**望见**郑师众，大子惧，自投于车下。（《左传·哀公二年》，2156下）

2."观见"，详见"观"条。

3."窥见"，指暗中看见。共1例。如：

> 譬之宫墙，赐之墙也及肩，**窥见**室家之好。（《论语·子张》，2532下）

4."闻见",共 11 例,用于以下两个义位:

①听到和看见。

今道虽不可得**闻见**,圣人执其见功以处见其形,故曰:"无状之状,无物之象。"(《韩非子·解老》,148)

②所闻所见、知识。

是非容貌之患也,**闻见**之不众,论议之卑尔。(《荀子·非相》,76)

## (二)两汉时期

"见"在两汉时期我们所选定的语料中新增了以下几个属于视觉类语义场的组合,其中"见"皆为"看见、看到"义。如:

1."顾见",详见"顾"条。

2."察见",指察看分辨。共 3 例。如:

使者曰:"**察见**渊中鱼,不祥。"(《汉书·荆燕吴传》,1905)

3."视见",犹看到。仅 1 例。如:

扁鹊以其言饮药三十日,**视见**垣一方人。(《史记·扁鹊仓公列传》,2785)

4."省见",犹言赏识提拔。共 2 例。如:

此子扬州长史,材能驽下,未尝**省见**。(《汉书·何武传》,3483)

5."临见",指居上视下看见。共出现 4 例。如:

平原君美人居楼上,**临见**,大笑之。(《史记·平原君虞卿列传》,2365)

6."遥见",指远远看到。共 2 例。如:

据术任数,相合其意,不达视听,**遥见**流目以察之也。(《论衡·实知》,1079)

## (三)魏晋时期

"见"在魏晋时期我们所选定的语料中新增了以下几个属于视觉类语义

场的组合,其中"见"皆为"看见、看到"义:

1. "睹见",详见"睹"条。

2. "览见",犹见识;见识所及。共 5 例。如:

> 蒙始就学,笃志不倦,其所**览见**,旧儒不胜。(《三国志·吴志·吕蒙传》裴注引《江表传》,1275)

## 七、觐

### (一) 先秦时期

"觐"在我们所选定的先秦语料中有一个属于视觉类语义场的组合:"朝觐",谓臣子朝见君主。仅有 1 例。如:

> 舜避尧之子于南河之南。天下诸侯**朝觐**者,不之尧之子而之舜。(《孟子·万章上》,2737 中)

### (二) 两汉时期

"觐"在两汉时期我们所选定的语料中除前举先秦"朝觐"外没有发现其他组合。

### (三) 魏晋时期

"觐"在魏晋时期我们所选定的语料中除前列先秦已有组合外尚有下面一个属于视觉类语义场的组合:"觐见",指朝见。仅出现 1 例:

> 此人心存汉室,而才兼于人,毕教军事,当遣诣宫,**觐见**主上。(《三国志·蜀志·姜维传》,1063)

## 八、窥

### (一) 先秦时期

"窥"在我们所选择的先秦时期语料中有两个组合,其中"窥"为"暗中偷看"义：

1."窥见"，详见"见"条。

2."窥觇"，指暗中察看、探察。仅出现1例。如：

> 故为人臣者，**窥觇**其君心也无须臾之休，而人主怠懈处其上，此世所以有劫君弑主也。(《韩非子·备内》,143)

## (二) 两汉时期

"窥"在两汉时期我们所选定的语料中除前举先秦时期组合外尚有：

1."窥视"，详见"视"条。

2."窥涉"，指浏览、涉猎。仅1例：

> 通人知士，虽博览古今，**窥涉**百家，条入叶贯，不能审知。(《论衡·薄葬》,962)

3."窥望"，指暗中观察、偷看。仅1例：

> 是以圣王不遍**窥望**而视已明，不单顷耳而听已聪。(《汉书·王褒传》,2828)

4."窥观"，详见"观"条。

**附：**"窥"在两汉时期语料中的义位分布及其组合情况示意图：

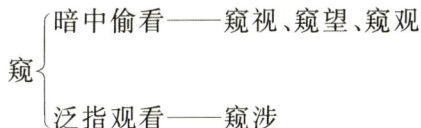

$$
窥\begin{cases} 暗中偷看——窥视、窥望、窥观 \\ \\ 泛指观看——窥涉 \end{cases}
$$

## (三) 魏晋时期

"窥"在魏晋时期我们所选定的语料中出现了一个新的组合："管窥"(4例)。《汉语大词典》："从管中看物，比喻所见者小。""管"、"窥"连用，先秦已出现，如：

> 子乃规规然而求之以察，索之以辩，是直用**管窥**天，用锥指地也，不亦小乎！(《庄子·秋水》,601)

这时候还谈不上什么组合，"管"、"窥"分属前后两个词组，只是在线性序列上前后相连,"用管"修饰"窥天",但"管窥"一词的本义已然出现。汉代也是这样,从我们选定的语料中仍未见到"管窥"成词的用例:

> 终日,扁鹊仰天叹曰:"夫子之为方也,若以管窥天,以郄视文。"(《史记·扁鹊仓公列传》,2788)

魏晋时期"管窥"完成词汇化,如:

> 如有**管窥**愚见,妄陈得失,虽苦口逆耳,不得事实,宜优游宽容,以遵四帝之绪也。(《后汉纪·安帝纪下》,466)

> 夫以**管窥**之狭见,而孤塞其聪明之所不及,是何异以一寻之绠,汲百仞之深,不觉所用之短,而云井之无水也。(《抱朴子内篇·塞难》,140)

## 九、览

### (一)先秦时期

"览"在先秦时期我们所选定的语料中没有属于视觉类语义场的组合。

### (二)两汉时期

"览"在两汉时期我们所选定的语料中有以下几个属于视觉类语义场的组合:

1."览观",详见"观"条。

2."览省",指视察。仅1例。如:

> 维二十九年,皇帝春游,**览省**远方。(《史记·秦始皇本纪》,250)

3."观览",详见"观"条。

4."省览",指审阅、观览。共出现3例。如:

> 狂夫之言,圣人择焉。唯裁**省览**。(《汉书·盖宽饶传》,3246)

5."博览",指广泛阅览。共出现13例。如:

> **博览**古今,容受直辞。公卿称职,奏议可述。(《汉书·成帝纪》,330)

**附:**"览"在两汉时期语料中的义位分布及其组合情况示意图:

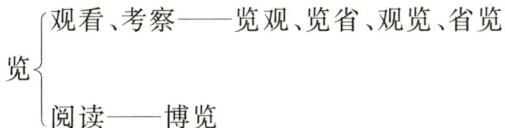

览〈
　观看、考察——览观、览省、观览、省览

　阅读——博览

## (三)魏晋时期

"览"在魏晋时期我们所选定的语料中新增了两个属于视觉类语义场的组合,其中"览"皆为"观看、考察"义:

1."游览",指游逛观赏。共出现 5 例。如:

诚**游览**之苑囿,近世之嘉史。(《全宋文・裴松之〈上三国志表〉》,1471)

2."周览",指遍览、巡视。共出现 2 例。如:

登高望远,**周览**八隅。(《阮籍集・咏怀》之十七,92)

# 十、临

## (一)先秦时期

"临"在先秦时期我们所选定的语料中有一个组合:"临观",详见"观"条。

## (二)两汉时期

"临"在两汉时期我们所选定的语料中新增了两个属于视觉类语义场的组合:

1."临见",详见"见"条。

2."监临",指监督。共出现 5 例。如:

总领百官,上下相**监临**,历载二百年,天下安宁。(《汉书・朱博传》,3405)

**附:**"临"在两汉时期语料中的义位分布及其组合情况示意图:

临{由上看下、居高面低——临见<br>监视、监临——监临}

### （三）魏晋时期

“临”在魏晋时期我们所选定的语料中除前举两汉时期组合外未发现属于视觉类语义场的组合。

## 十一、眄

### （一）先秦时期

“眄”在先秦时期我们所选定的语料中有以下几个属于视觉类语义场的组合：

1.“眄视”，详见“视”条。

2.“眄睨”，指斜视，表示轻慢。有5例。如：

其得柟梓豫章也，揽蔓其枝而王长其间，虽羿、蓬蒙不能**眄睨**也。(《庄子·山木》,688)

### （二）两汉时期

“眄”在两汉时期我们所选定的语料中的组合只有“顾眄”1例，其中“眄”为“斜视”义。详见“顾”条。

### （三）魏晋时期

“眄”在魏晋时期我们所选定的语料中新增了以下几个属于视觉类语义场的组合：

1.“睇眄”，指斜视、顾盼。仅出现1例：

玄发发朱颜，**睇眄**有光华。(《阮籍集·咏怀·其二七》,297)

2.“瞪眄”，指观、看。共出现2例。如：

众心日移，危机将发，而方偃仰**瞪眄**，谓足以夸世，笑古人之未工，

忘己事之已拙。(《陆机集·豪士赋》,9—10)

3."流眄"①,指"流转目光观看"。共 3 例。

瞬美目以**流眄**,含言笑而不分。(《陶渊明集·闲情赋》,154)②

附:"眄"在魏晋时期语料中的义位分布及其组合情况示意图:

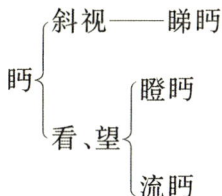

## 十二、睥

"睥"在先秦乃至魏晋时期我们所选定的语料中没有属于视觉类语义场的组合。

## 十三、睨

### (一) 先秦时期

"睨"在先秦时期我们所选定的语料中有一个属于视觉类语义场的组合:"眄睨",详见"眄"条。

### (二) 两汉时期

"睨"在两汉时期我们所选定的语料中只有一个属于视觉类语义场的组合:"顾睨",详见"顾"条。

### (三) 魏晋时期

"睨"在魏晋时期我们所选定的语料中没有属于视觉类语义场的组合。

---

① "流眄"一词先秦已出现,《汉语大词典》已举例,但在我们所选定的语料中未发现,所以放在魏晋语料中加以分析。

② (东晋)陶渊明著,袁行霈笺注:《陶渊明集笺注》,北京:中华书局,2003 年。

## 十四、省

### （一）先秦时期

"省"在先秦时期我们所选定的语料中没有发现属于视觉类语义场的组合。

### （二）两汉时期

"省"在两汉时期我们所选定的语料中新增了几个属于视觉类语义场的组合，其中"省"皆属于"视察、察看"义：

1."省察"，指审察、仔细考察。共 16 例。如：

> 愿陛下爱精休神，阔略思虑，遵帝王之常服，复太官之法膳，使臣子各得尽欢心，备共养。惟哀**省察**。（《汉书·王莽传上》，4050）

2."观省"，详见"观"条。
3."顾省"，详见"顾"条。
4."视省"，详见"视"条。
5."省视"，详见"视"条。
6."览省"，详见"览"条。
7."省览"，详见"览"条。

### （三）魏晋时期

"省"在魏晋时期我们所选定的语料中未见新增的组合。

## 十五、望

### （一）先秦时期

"望"在先秦时期我们所选定的语料中有以下几个属于视觉类语义场的组合，其中"望"皆为"远视、遥望"义：

1."望见"，详见"见"条。
2."视望"，详见"视"条。

3.“望视”,详见“视”条。

（二）两汉时期

“望”在两汉时期我们所选定的语料中新增了以下几个属于视觉类语义场的组合,其中“望”皆为“远视、遥望”义:

1.“顾望”,详见“顾”条。

2.“观望”,详见“观”条。

3.“候望”,指伺望、侦察。共出现12例。如:

　　国家畏天之威,思求谴告,故于上西门城上**候望**。(《风俗通义》卷二《正失》“叶令祠”条,86)

4.“瞻望”,指远望、展望。共出现3例。如:

　　如囊穿米出,橐败粟弃,则囊橐委辟,人**瞻望**之,弗复见矣。(《论衡·论死》,873)

5.“窥望”,详见“窥”条。

（三）魏晋时期

“望”在魏晋时期我们所选定的语料中未见有新增的组合。

## 十六、相

“相”在先秦至魏晋时期我们所选定的语料中除“相印”、“相马”之类的临时组合外没有发现属于视觉类语义场的组合。

## 十七、眴

“眴”在先秦至魏晋时期我们所选定的语料中没有发现属于视觉类语义场的组合。

## 十八、瞻

（一）先秦时期

“瞻”在先秦时期我们所选定的语料中有三个属于视觉类语义场的组

合,其中"瞻"为"看、望"义:

1."瞻仰",指仰望。仅有1例。如:

> 及天之三辰,民所以**瞻仰**也;及地之五行,所以生殖也。(《国语·鲁语上》,170)

2."瞻视",详见"视"条。

3."观瞻",详见"观"条。

### (二)两汉时期

"瞻"在两汉时期我们所选定的语料中新增了三个组合,其中"瞻"为"看、望"义:

1."瞻望",详见"望"条。

2."视瞻",详见"视"条。

3."顾瞻",详见"顾"条。

### (三)魏晋时期

"瞻"在魏晋时期我们所选定的语料中新增了以下几个属于视觉类语义场的组合:

1."瞻眺",指远望、观看。仅有1例。如:

> 置酒宴佳宾,**瞻眺**临飞观。(《陆机集·当置酒》,77)

2."瞻睹",详见"睹"条。

3."瞻观",详见"观"条。

**附:"瞻"在魏晋时期语料中的义位分布及其组合情况示意图:**

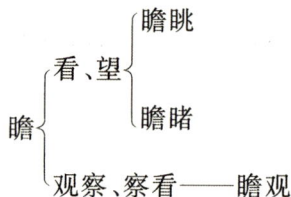

```
                        ┌─ 瞻眺
              ┌─ 看、望 ┤
              │         └─ 瞻睹
        瞻 ───┤
              │
              └─ 观察、察看 ── 瞻观
```

# 第三节　小　结

汉语词汇的双音化从先秦时期开始就已经出现,并且逐步发展,到了魏晋时期,双音化已经成为一种占据主流的增加词汇的方式。这一点,无论是我们前面对竺法护译经中的视觉类动词的双音组合描写,还是对先秦至魏晋我们所选定的传世文献中的视觉类动词的双音组合描写都有所体现。

从上文列举的竺法护译经视觉动词的双音组合中不难看出:其中绝大部分的视觉类动词都已经拥有了双音组合,并且那些在整个视觉类语义场中占主流地位的视觉类动词,如"视"、"见"、"观"等,它们所拥有的组合数量较之那些在视觉语义场中处于相对弱势的视觉类动词要明显得多,显示出相当强的组合能力;而即使是那些相对弱势的视觉类动词,如"眄"、"眴"等,也都拥有一定的双音组合,如"临眄"、"顾眄"、"视眴",但这样的组合往往只在译经中出现,在同期传世文献中不见使用,显示出译经词语复音化程度之深。译经还使用了一些相对弱势甚至在同期传世文献中都未见组合的视觉类动词,如"眴",一方面显示出译经作者追求文章典雅的译经习惯,另一方面也反映了作者对当时社会语言中构词习惯和趋势的深刻了解。

此外,通过考察竺法护译经中的视觉类动词的双音组合以及先秦至魏晋我们所选定的传世文献中的视觉类动词的双音组合,我们可以发现在上古乃至中古这一时期的视觉类动词组合日趋增多,且明显存在着同素异序以及同义并列的特点,即同属视觉类语义场的两个动词常常被组合在一起表意,而二者的次序则并不固定(如"瞻视—视瞻"、"观览—览观")。这些特点在竺法护译经中尤为明显:

竺法护译经中同素异序的组合如:

观睹—睹观、睹见—见睹、视瞻—瞻视、睹察—察睹、见视—视见、瞻仰—仰瞻、睹觐—觐睹、察视—视察、省察—察省。

竺法护译经中同义并列的组合如:

观见、观睹、睹观、察睹、睹察、观看、观瞻、观望、观顾、睹见、察见、见睹、见视、观视、视瞻、察视、顾视、视察、视见、瞻视、瞻察、瞻睹、瞻见、瞻觐、瞻望、视眴、顾望、顾省、省察、察省、省视、望见、望视、望睹等。

竺法护译经中出现的这种现象,我们认为有两方面原因。第一是由于佛教自身教义传播的需要,即为了使教义的传播能够更加广泛和深入,需要用更加生活化、口语化的语言去解说佛经,而这一时期社会中语言的发展已经明显偏向于复音化,如果仍然机械地沿用先秦时期占主流的单音词表意,显然不能符合社会各阶层的理解能力并满足宗教本身的传播需求;第二,由于单音词大多是多义词,本身就承担着较多的义项,无法准确地表达意思,因此,用同属同一语义场、意义相近的单音词重新组合,组成多音节词,以便更为准确地描述同一事物就成为必然,而这种组合由于是两个单音词在意思上相近,因此其组合中前后顺序的变化并不影响表意,另外,作为一种新出现的语言现象,当时社会语言使用习惯还没有针对其前后顺序产生规格上的约束力,从而造成了这种现象的出现。

# 第四章　竺法护译经听觉动词语义场研究

"听"即"以耳受声",听觉动词语义场就是以"以耳受声"为共同义素的一类动词的聚合。竺法护译经中听觉动词语义场共包含三个成员:"听"、"闻"和"聆"。

## 第一节　竺法护译经听觉动词语义场的描写

竺法护译经听觉动词语义场成员使用频率及义位分布相对简单,如下表:

| 成 员 | | 听 | 闻 | 聆 |
|---|---|---|---|---|
| 用 例 | | 1054 | 2716 | 2 |
| 万字使用率 | | 6.59 | 16.98 | 0.01 |
| 义位分布 | 以耳受声 | + | + | + |
| | 听从、接受 | + | + | |
| | 听见 | + | + | |
| | 允许、答应 | + | | |
| | 听凭、任凭 | + | | |
| | 传布、传扬 | | + | |

## 一、竺法护译经听觉动词语义场义位分布描写

（一）听

"听"在竺法护译经中共 1054 例,用于以下几个义位:

1.以耳受声。

其睹诸起灭,了五阴成败,愿稽首彼佛,**听**我说尊言。(《修行道地经》卷一,15/183/c)

经诸国土供养诸佛,诣释迦牟如来,稽首供养,却坐**听**经。(《光赞经》卷一,08/148/c)

2.听从、接受。

婿便**听**之,即便出家为道作比丘尼,昼夜精进行道,未久证得罗汉。(《生经》卷五,03/106/b)

假使心变在于不善终、不**听**从,心亦不随声闻缘觉,又心不随尘欲贪嫉,心亦不从毁戒恶智,是为意力。(《佛说无言童子经》卷一,13/529/a)

3.允许、答应。

从佛求舍家,瞿昙大慈哀,**听**我作沙门,应时一夜中,天时将向晓,一切诸漏尽。(《佛五百弟子自说本起经》卷一,04/193/c)

佛问父母:"**听**汝女为阿难妇不?"白曰:"唯然。"(《舍头谏太子二十八宿经》卷一,21/411/a)

到其乡土,具喻姑嫜,女母悲泣,夙夜思女,故遣迎之,当**听**相见,不久来还,姑嫜听去,父载女还。(《生经》卷四,03/97/a)

4.听凭、任凭。

佛告阿难:"**听**之来,勿得呵之!"(《生经》卷四,03/98/a)

我时即报言:"仙人持法药,我恣**听**仁者,便去随其欲,大王我狐疑,咎结不得除,便当谪罚我。"(《佛五百弟子自说本起经》卷一,04/199/a)

"听"本义为用耳朵接受声音。《说文・耳部》:"听,聆也。"(250 上)段

玉裁《说文解字注》："耳悤者,耳有所得也。"(592 上)《书·泰誓中》:"天视自我民视,天听自我民听。"(181 下)。

（二）闻

"闻"在竺法护译经中共有 4263 用例,其中属于听觉动词语义场的共 2716 例,主要用于以下几个义位:

1. 听见。

又其天眼者,普见十方佛,成就于天耳,闻十方音声。(《大哀经》卷二,13/420/b)

佛兴于世有罗汉法,罗汉法者因声听解,得闻声者便备戒禁,戒禁已备谓以如戒。(《阿差末菩萨经》卷四,13/597/c)

耳闻声声无所住,鼻识香香亦无所住,口识味味亦无所住。(《无极宝三昧经》卷一,15/511/a)

2. 传布、传扬。

以颂赞曰:"其妙音声,所在通达,威德流阐,闻于十方。"(《持心梵天所问经》卷一,15/2/b)

其弹指声,闻于十方无数世界。(《诸佛要集经》卷二,17/766/a)

长跪叉手前诣佛所,以偈叹曰:"无量威德闻十方,光照上下恒沙界,一切众生无能称。"(《文殊师利佛土严净经》卷一,11/893/a)

3. 接受。

诸子闻赐,贪爱乐音。各各速疾,尽力励励,驱逐一切。(《正法华经》卷二,09/77/b)

"闻"本义为听见。《说文·门部》:"闻,知闻也。"(250 上)《说文解字系传》中第二个"闻"作"声"。段玉裁注:"往曰听,来曰闻。"(592 上)于省吾《殷契骈枝续编》:"(甲骨文)本象人之跪坐、以手掩面、倾耳以听外警。"①《书·君奭》:"我则鸣鸟不闻,矧曰其有能格。"(225 上)晋袁宏《后汉纪·桓

---

① 转引自《汉语大字典》,第 4294 页。

帝纪上》："目不视鸣条之事,耳不闻檀车之声。"(214)"闻"也是一个专门的佛教用语。《佛学大辞典》："闻,耳听。与思、修合称三慧。对于根据经典而来之教说,听闻而信解之,称为闻法、闻信。佛陀之弟子常听闻声教,称为声闻;后世之行人唯依经卷而知佛法,或遇善知识而得闻法。北本涅槃经卷三十六迦叶菩萨品载,仅信仰佛之教说一半者、不能为他人解说者,及为议论或为得名誉利益而身持教说者,凡此皆为闻不具足。又据无量寿经卷下载,闻其(阿弥陀佛)名号,而信心欢喜,乃至一念,即得往生净土,住于不退转之位。又深信佛之光明有摄受救度众生之作用,则称为'闻光力'。"(5898)①

（三）聆

"聆"在竺法护译经中共有 2 例,只有一个义位:以耳受声,听。如:

今导师演说,少能信乐者,从世雄大圣,面闻无数法,往始至于兹,未**聆**如斯典。(《正法华经》卷二,09/75/a)

是佛国土,无数众生,音声畅逸,若在室中,或复处外,所言麁细,悉普**聆**捵,悉闻一切。(《正法华经》卷八,09/120/a)

"聆",本义为听。《说文·门部》："聆,听也。"(250 上)《文选·张衡〈思玄赋〉》："聆《广乐》之九奏兮,展泄泄以彤彤。"李善注:"聆,听也。"(285上—下)

## 二、竺法护译经听觉动词语义场成员的组合能力描写

（一）听

"听"在竺法护译经中有以下几个组合:

1."听察"连文共 5 例,如:

吾及众会,**听察**如来至真等正觉所说经法,未曾厌倦。(《大哀经》卷二,13/415/c)

---

① 丁福保编:《佛学大辞典》,上海:上海书店,1991 年。

　　如是伦品,不尚至道,若当来人,而说此法,**听察**如来,一乘之教,设复睹见,诸最胜名。(《正法华经》卷一,09/73/a)

　　有诸愚痴,不能解知,于彼戏笑,放逸自恣,长者**听察**,寻入馆内,骇夫不觉,无解脱想。(《正法华经》卷二,09/77/a)

　　一切诸菩萨,是谓为威仪,如常行礼节,且当**听察**之,斯当讲说,无为之法。(《正法华经》卷七,09/108/a)

　　何等为二? **听察**他音缘省思惟,其不博闻于法律者,顺以三昧在于终始堕于贡高,类斯之故。(《等集众德三昧经》卷二,12/982/c)

　　前2例的"听察"表聆听并省察义;第3例中"听察"表听到并觉察义;第4、5例的"听察"表探听审察义。

　　"听察"一词,语本《周礼·秋官·乡士》:"听其狱讼,察其辞。"(875下)后因以"听察"谓探听审察。如《后汉书·党锢传·李膺》:"今膺等投身强御,毕力致罪,陛下既不听察,而猥受谮诉,遂令忠臣同愆元恶。"(2192)《资治通鉴·唐高祖武德元年》:"兰成亦与其徒负担蔬米、烧器,诈为抄者,择空而行听察,得其号及主将姓名。"(5819)"听"亦有"察"之义,人的耳朵在接收到声音信息后将其传递给大脑,大脑必然对声音进行分析和判断,按照信息论的观点即"解码",这一动作过程是连续的。

　　2."听受"连文126例,表"听从接受"义。如:

　　所闻无所闻,故叹曰声闻,雄人念往古,**听受**最上法,睹不分别经,一切法一切,讲音无所偏。(《佛说阿惟越致遮经》卷二,09/211/c)

　　常愿见诸佛,奉事自归命,**听受**所说法,一心受奉行。(《度世品经》卷二,10/624/b)

　　弃舍家业,出为沙门,于诸如来,**听受**经典,成为法师。(《渐备一切智德经》卷三,10/474/b)

　　常以至心供奉如来,**听受**经典,不乐爱欲戏笑邪业,以无放逸听受经典,不以生心。(《密迹金刚力士会》卷二,11/49/c)

　　"听受",在中土文献中也见其使用例。如《汉书·艺文志》:"《书》者,古之号令,号令于众,其言不立具,则听受施行者弗晓。"(1707)《文选·任昉〈齐竟陵文宣王行状〉》:"公以为出言自口,骥骤不追,听受一谬,差以千里。"

(1115)竺法护译经中"听受"的对象可以是佛法、经典、言说等。

3."听省"连文 28 例,表"听而省察"义。如:

> 来到导师所,**听省**经典义,见礼于世尊,闻察无上法。(《佛说力士移山经》卷一,12/97/b)

> 文殊师利前白佛言:"如我**听省**大圣说义,其有菩萨,发淫怒痴,乃初发意。"(《佛说如幻三昧经》卷一,12/144/a)

> 心常怀愿,欲得**听省**菩萨正道所思惟法,慕乐安隐入于宫内,思念过去诸佛所行。(《佛说普曜经》卷三,03/504/b)

"听省",在中土文献中也见其使用例。如:

> 惶悸征营,心如炎灼;归情写实,冀蒙**听省**。(《艺文类聚》卷五十三引曹操《让九锡表》,955)①

4."听采"连文 12 例,表"听而采纳"义。如:

> 时舍利弗问阿差末:"唯族姓子,吾今以此仁有辩才故欲相问。所以然者,欲得**听采**本所未闻。"(《阿差末菩萨经》卷一,13/584/c)

> 如来现在,数数往造,见佛稽首,**听采**法义,般泥洹后,供养舍利,一切众具而以奉事世尊舍利。(《佛说海龙王经》卷四,15/151/b)

> **听采**其谊,心喜劝助。其人功德,不可限量。(《正法华经》卷八,09/118/c)

"听采",在中土文献中也见其使用例。如:

> **听采**民讼,昏晓必通,召引轩楹,躬亲辩决。(《艺文类聚》引南朝陈·徐陵《司空徐州刺史侯安都德政碑》,944)

5."听纳"连文仅 1 例,表"听从采纳"义:

> 释自陈曰:"王之大王,存遇隆厚,**听纳**所启,当具以闻。"(《佛说龙施菩萨本起经》卷一,14/785/a)

"听纳",在中土文献中也见其使用例。如:

---

① (唐)欧阳询著,汪绍楹校:《艺文类聚》,上海:上海古籍出版社,1965 年。

臣谭伏闻陛下穷折方士黄白之术,甚为明矣;而乃欲**听纳**谶记,又何误也!(《后汉书·桓谭传》,960)

6.“听摄”仅1例,表“听取”义:

示以四恩,**听摄**所闻,了无所著,此承他音,未曾放废四恩之教,是为思惟。(《佛说无言童子经》卷一,13/526/b)

“听摄”,在中古中土文献中未见用例。

7.“听”和“闻”组合成“听闻”共74例,表“听”义。如:

捷沓和摩休勒,及余所居众生,见如来尊,**听闻**斯经法,长夜安隐无有众患,一定无难。(《密迹金刚力士会》卷六,11/69/c)

与卿同心,故郑重说,悉来聚集,**听闻**所说,吾以神足,化作大城。(《正法华经》卷四,09/94/a)

正真有辩才,一切众聚会,**听闻**我音声,诸天及人民,一切皆欢喜。(《佛五百弟子自说本起经》卷一,04/200/b)

此外,竺法护译经中还有“听闻”的同素异序形式“闻听”,二者同义,共4例:

知义亦如是,于是得**闻听**,观受奉其义,无使身自行。(《佛说须真天子经》卷一,15/98/a)

佛于是颂曰:“无等伦言辞和,……令声**闻听**其教,缘觉乘亦如是。”(《大哀经》卷六,13/438/a)

当知尔时观于如来,皆普合会诸菩萨众,会诸声**闻听**受此法,尔乃睹见世间佛道,无二灭度也。(《正法华经》卷四,09/92/b)

智慧辩才所可宣畅,启受未**闻听**是慧明三昧之定。(《佛说无言童子经》卷一,13/532/b)

在汉译佛经中,“听闻”一般作为动词,其对象常为佛家的教法。丁福保《佛学大辞典》:“听闻,(杂语)闻教法也。最胜王经四曰:‘若得听闻是经典,皆不退阿耨多罗三藐三菩提。’法华玄义六曰:‘受戒之时,说此戒法,授于前人,前人听闻,即得发戒,师弟所由生也。’”在竺法护译经中,除了听闻佛家的教法以外,亦可用来听闻一般的声音。从组合的形式上来看,“闻听”的用例大大少于"听闻",其比例是 4∶74,呈现一边倒的趋势。同素异序形式是单音词在向双音词过渡过程中的一个环节,语言的经济性原则使得这种同素异序而用法相同的两个形式不可能长久地同时存在,语言自身会做出选择,逐渐淘汰其中一个。

"听闻"在中土文献中亦见其使用例,可以作名词或动词使用,指听的活动或听到的内容。如:

> 矧予之德,言足**听闻**。(《书·仲虺之诰》,161 中)

> 若乃结党连群,讥诉互起,街谈巷议,罔顾**听闻**,乃撤实宪制所宜禁经之巨蠹。(《宋书·蔡兴宗传》,1576)

8. "听禀"连文 2 例,表"听受"义:

> 皇后玉女,悉俱叉手,而常元元,**听禀**经典,诸所鬼神,善共宗重。(《正法华经》卷八,09/121/c)

> 宝英如来告文殊曰:"汝往彼土,……相见稽首思闻欲**听禀受**。"(《佛说文殊师利净律经》卷一,14/448/c)

"听禀"与"听受"同义。"禀"有"受"义。《集韵·沁韵》:"禀,受也。"上面第二例中的"听禀受",为同义词连言。中古中土文献中未见"听禀"用例。

9. "彻听"19 例。如:

> 见者眼清净,闻者耳**彻听**,树出无量音,清净之法音,具足空寂灭。(《佛说方等般泥洹经》卷一,12/912/b)

> 眼能彻视,耳能**彻听**,身能飞行,了众人根,自知本末。(《佛说龙施菩萨本起经》卷一,14/910/b)

> 盲者得目而睹色像,聋者**彻听**,闻诸音声,志乱意惑还复其心。(《光赞经》卷一,08/147/c)

以上 3 例中"彻听"是指"听力极强,无所不闻"的一种状态,表示一种能力。如第 1 例中"清净"与"彻听"互文,"闻者耳彻听"即"听到的人耳朵无所不闻,能听到一切";第 2 例中"耳能彻听"即"耳朵能听到一切";第 3 例中"聋者彻听,闻诸音声"即"聋者听力极强,能听到一切声音"。

世尊告曰："以六神通,彻视睹见十方心念,**彻听**有形,亦察无形。"
(《度世品经》卷六,10/659/b)

道耳**彻听**,闻天人声,蚑行喘息蠕动之音无所不了,明知如有则悉
知之,是九力也。(《佛说力士移山经》卷一,02/859/a)

时佛**彻听**,闻诸比丘共议此事,寻即往到比丘众所。(《生经》卷三,
03/91/c)

以上 3 例中"彻听"表"透彻深入地听闻"这样一个动作。"彻听"在中土
文献中也见其使用例,形容听力极强,无所不闻。如:

自不若斯,则非洞视者安能觌其形,非**彻听**者安能闻其声哉?(《抱
朴子内篇·论仙》,15)

10."洞听"4 例,与"彻听"同义,即"透彻深入地听闻"。如:

眼能彻视,耳能**洞听**,豫知诸天人龙鬼神蚑行蠕动之类身行口言,
念于所念悉见闻知。(《佛说普曜经》卷六,03/522/a)

游行观四方,五通为骖驾,彻视**洞听**飞,睹本见众心,游观度生死。
(《佛说普曜经》卷八,03/535/b)

道耳**洞听**天、世间、地狱、饿鬼、蜎飞、蠕动、蚑行喘息,十方诸佛世
界。(《等集众德三昧经》卷一,12/974/b)

其身口意行善,不谤圣贤正见奉顺终隧善处,如审悉知,道耳**洞听**
天世间。(《等集众德三昧经》卷一,12/974/b)

竺法护译经中"洞听"常与"彻视"搭配使用。一方面指"无所不闻"的一
种能力,如第 1 例;另一方面指"透彻深入地听闻"这一动作,如后 3 例。

"洞"有"透彻、深入"义,故"洞听"表"透彻深入地听闻"义。在中土文献
中也见其使用例。如:

先知之见方来之事,无达视**洞听**之聪明,皆案兆察迹,推原事类。
(《论衡·实知》,1075)

11."谛听"90 例,表"注意地听、仔细听"义。如:

又斯经法,决诸狐疑,至贤圣路,**谛听**经典,至解脱故。(《持心梵天
所问经》卷四,15/30/b)

于是世尊赞龙王曰:"善哉善哉,阿耨达王。**谛听**其义,勤思念之以宣布示。……"(《佛说弘道广显三昧经》卷二,15/495/b)

佛言:"**谛听**我之所言,此牛子母乃昔宿命时曾为长者,大富乐饶财宝,复悭贪不肯布施。"(《佛说乳光佛经》卷一,17/756/a)

"谛听"在中古时期的佛教文献中是一个常用语。《三藏法数》:"谛听,谓闻他人读诵解说一切经法,深生爱乐,而专心审听也。"(466 上)[1]《佛学大辞典》:"谛听,受持经典之十种法行之一。即从心中明白地听闻佛法。"(6296)《法相辞典》:"谛听,瑜伽八十三卷十三页云:谛听者:谓于如是相法,劝令审听。"(1376)[2]"谛听"在佛教文献中即"专心听闻佛法"的意思。在中土文献中也见其使用例。如:

**谛听**吾言。闻曾子有云:人之将死,其言也善,启予手,启予足,而今而后,吾知免夫。(《魏书·崔光传》,1498)[3]

12."听许"3 例,表"听而许之"义:

白世尊曰:"欲问如来平等正觉,若当**听许**,乃敢自陈。"(《等目菩萨所问三昧经》卷一,10/575/c)

梵志对曰:"求不恐惧,唯见**听许**,乃敢启王说所使来。"(《生经》卷三,03/92/a)

"听许",在中土文献中也见其用例。如:

军遂往说越王,越王**听许**,请举国内属。(《汉书·终军传》,2821)

13."恣听"2 例,表"听任"义:

我时即报言:"仙人持法药,我**恣听**仁者,便去随其欲,大王我狐疑,咎结不得除,便当谪罚我。"(《佛五百弟子自说本起经》卷一,04/199/b)

诸天、人前为师子吼,**恣听**一切所可欲问。(《佛说海龙王经》卷二,

---

① (明)释一如等编:《三藏法数》,杭州:浙江古籍出版社,1991 年。
② 朱芾煌编:《法相辞典》,台北:"商务印书馆",1972 年。
③ (北齐)魏收:《魏书》,北京:中华书局,1974 年。

15/141/c)

"恣"有"听任、任凭"义。如《战国策·赵策四》:"太后曰:'诺。恣君之所使之。'"(1233)故"恣听"表听任义。在中土文献中也见其用例。如:

> (马武)好酒敢直言,时醉在上前,面折同列,言其短长,无所回避,上**恣听**之。(《后汉纪·光武帝纪》,181)

**附**:"听"在竺法护译经听觉动词语义场中的义位分布及其组合情况示意图:

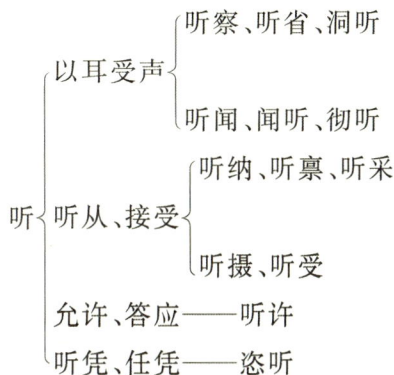

（二）闻

"闻"在竺法护译经中用于以下几个组合:

1."闻持"12 例,表"闻教法而忆持不忘"。如:

> 曾为婆罗门,博**闻持**道术,有五百学志,讲术蘩树间。(《佛五百弟子自说本起经》卷一,04/201/b)

> 谁当亲劝我,谁当为我说,**闻持**是何谓,谁解我疑言。(《佛说方等般泥洹经》卷一,12/914/a)

> 若有**闻持**药王菩萨往古学品,受持思念之,其福过彼众物供养,不可称载。(《正法华经》卷九,09/126/b)

> 若受是经者,**闻持**而讽诵,此忍最为上,微妙不可量,若持此经卷,其忍最为上。(《佛说阿惟越致遮经》卷三,09/223/a)

"闻持"为佛教术语。《佛学大辞典》:"闻持,(术语),即陀罗尼也。华严经三十三曰:'闻持无量诸佛正法。'法华经分别功德品曰:'菩萨摩诃萨得闻持陀罗尼门。'"陈义孝《佛学常见辞汇》:"闻持,闻佛的教法而忆持不忘,即陀罗尼。"①

2."闻见"22例,动词,表"听到和看见"义。如:

佛语舍利弗:"阿尼弥沙土者,无地狱饿鬼畜生众恶诸苦,无奉戒敕亦无犯禁,不**闻见**女人,所以者何? 皆由化生莲华交露。"(《阿差末菩萨经》卷一,13/585/b)

死人尸体,何人**闻见**,而不怖惧?(《正法华经》卷二,09/76/c)

所从有因,无央数劫,所未**闻见**,悉为解决。吾本遭遇和上可值此经典法律,弃家为道,得作沙门,不至超异。(《生经》卷三,03/92/c)

医药所当,而疗除众生之病,**闻见**其音,亦得安隐,终始无异,如来亦然,则为无上医王。(《佛说如来兴显经》卷二,10/600/a)

时狱守鬼**闻见**求哀,益以瞋怒复重挝刺。(《修行道地经》卷三,15/203/b)

"闻见"早在先秦文献中就已见其用例。如:

群臣**闻见**者毕贺,陈轸后见独不贺。(《战国策·秦策二》,231)

中古沿用,如:

浙东五郡,丁税一千,乃有质卖妻儿,以充此限,道路愁穷,不可**闻见**。(《南齐书·王敬则传》,483)

3."见闻"67例,表"耳闻目睹"义。如:

佛时颂曰:"**见闻**他人得供养,未曾怀嫉妒于彼,常行等慈志无我,离于供事乐如。"(《佛说离垢施女经》卷一,12/95/c)

佛告比丘:"父王白净观菩萨行,**见闻**如是,不慕世荣,心如虚空,而怀怖懅,畏之出家。"(《佛说普曜经》卷三,03/503/b)

其开士慧眼者,睹于诸法,无不**见闻**无量无数,是为开士大士慧眼净。(《光赞经》卷二,08/158/c)

"见闻",中土文献中也见其用例。如:

---

① 陈义孝居士编,竺摩法师鉴定:《佛教常见词汇》,台北:文津出版社,1988年。

非得道者,安能**见闻**,而儒墨之家知此不可以为训,故终不言其有焉。(《抱朴子内篇·论仙》,20)

"见闻"亦为佛教用语,表"目见佛,耳闻法"。[①]

4."彻闻"8例。如:

天耳**彻闻**诸音声,其在三界诸形色,悉晓了知其语言,从无央数大经义。(《修行道地经》卷三,15/200/c)

后世所生得道耳听**彻闻**无极,若无香者则施与之。(《阿差末菩萨经》卷二,13/589/a)

以上各例义同"彻听",指透彻深入地听闻。

其意正立而说经典,其音通**彻闻**一佛国。(《大哀经》卷七,13/441/a)

时佛音响**彻闻**十方,虚空天神闻柔和音,是释迦文十力世尊。(《佛说普曜经》卷七,03/530/b)

清明和雅悲哀之声,其乐各各宣无数响,**彻闻**十方无量世界,不能令女从三昧起。(《诸佛要集经》卷二,17/765/c)

以上3例指"(声音)彻底传布于某地"。因"闻"有"传布、传扬"义,故"彻闻"可表此义。

5."得闻"174例,表"听到(佛法)"。如:

是学无放逸,末世若学此,**得闻**斯经典,以供养利故,求名行诽谤,在前稽首礼。(《贤劫经》卷一,14/9/b)

**得闻**诸三昧,便从一佛刹,飞到诸佛前,不动亦不摇,震动诸刹中,龙王大欢喜。(《无极宝三昧经》卷一,15/514/b)

佛灭度后若有菩萨,在于末俗五浊之世,**得闻**此经,持讽诵读,当知弥勒之所建立。(《阿差末菩萨经》卷七,/13/612/a)

又有佛子,自非菩萨,不能**得闻**是法门品,亦不笃信受持讽诵,况复奉行。(《渐备一切智德经》卷五,10/494/c)

---

① 参看丁福保《佛学大辞典》:"见闻:(杂语)目见佛,耳闻法也。法华经序品曰:'见闻若斯。'"

以上各例中"得闻"强调听的结果。

6."逮闻"40例,义同"得闻"。如:

时大迦叶则说颂曰:"我等今日,**逮闻**斯音,怪之愕然,得未曾有,由是之故,心用悲喜。"(《正法华经》卷三,09/81/b)

吾等善利获无极庆,身自亲近得至于此,**逮闻**如是决疑经典,当令世尊释迦文尼延命久寿长存于世,使此经典在阎浮提永普流布。(《大哀经》卷七,13/451/c)

佛告阿难:"菩萨大士闻说斯经,假使发愿或不兴愿,会当证明**逮闻**是法。"(《佛说阿惟越致遮经》卷二,09/216/c)

此外,竺法护译经中,有时为了凑足四字格,亦见"得逮闻/逮得闻"三字连言。如:

令此经典,……已积德者,耳**得逮闻**。(《大哀经》卷七,13/450/c)

若族姓子、族姓女,**逮得闻**是《正法华经》,心中燔然而无狐疑。(《正法华经》卷六,09/105/c)

如来则为分别解说诸佛之法,若有菩萨,**逮得闻**此,如来往古,所殖德本,诸佛所讲,则获善利,无极之庆。(《宝女所问经》卷四,13/469/c)

7."普闻"36例,在竺法护译经中用于两个义项:

(1)普遍地听到、听闻。

诸佛世尊所说经典,于虚空中皆为通达,具足众备**普闻**音声,如佛所言无有缺减。(《宝女所问经》卷一,13/453/a)

诸佛侍者,各白其佛,分别诸法**普闻**其音,善哉世尊! 速决其意,何故默然?(《佛说普曜经》卷七,03/530/b)

其天眼者睹诸色像,永寂诸响则以天耳**普闻**诸音,所念光明识念无央数劫往古行事。(《大哀经》卷二,13/419/c)

(2)普遍地传布于某个地方。

向者曜形于光音天举大洪音,**普闻**三千大千世界,震动魔宫灭除灭恶道,皆令喜悦。(《佛说文殊师利现宝藏经》卷一,14/456/a)

现建立如来之土,以佛音声,而普雨诸法,使其音声,**普闻**诸土。

（《等目菩萨所问三昧经》卷三,10/585/c）

佛从宝阶降神海宫,自然音乐**普闻**十方无量世界,佛之威神如来所感,皆见能仁如来下于大海。(《佛说海龙王经》卷三,15/145/c)

8."悉闻"28 例,表"全都听到"义。如:

三千大千世界所有音声,内外通彻一切清净,以肉耳根,**悉闻**众生所说声。(《正法华经》卷八,09/119/b)

口所宣布,众生**悉闻**,诸佛经法,及诸圣众,布施禁戒,行忍辱事。(《密迹金刚力士会》卷一,11/46/b)

贤者舍利弗、贤者阿难,及余大弟子,**悉闻**斯讲。(《文殊支利普超三昧经》卷一,15/410/b)

9."闻察"仅 1 例,义同"听察"、"听省",表"闻而察之"义:

听省经典义,见礼于世尊,**闻察**无上法,蒙见导师故,解脱众苦恼,世护多所安。(《佛说离垢施女经》卷一,12/97/b)

10."闻受"17 例,义同"听受",表"闻而受之"义。如:

云何精进? **闻受**无厌。(《佛说幻士仁贤经》卷一,12/33/b)

归命诸佛,听所演法,已**闻受**法,随器授与,未曾越法,不毁佛教。(《渐备一切智德经》卷二,10/469/c)

使贤者身寿于那术亿千百劫,**闻受**无数,诸佛国土本命极长,不可穷究。(《佛说阿惟越致遮经》卷一,09/199/a)

**附**:"闻"在竺法护译经听觉动词语义场中的义位分布及其组合示意图:

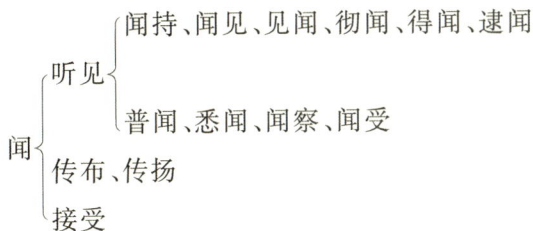

## 三、小 结

通过上文对竺法护译经中听觉动词语义场成员的使用情况以及其组合

情况的考察，我们发现：

1.从使用频率来看，在竺法护译经中，"闻"的使用频率最高。而发展到现代汉语中"听"的使用频率最高。

2.从义位分布和组合能力来看，在竺法护译经中"听"和"闻"的义位分布及其组合能力基本相当，二者在竺法护译经中都表现出了相当强的组合能力。究其原因应与如下两个方面相关：一方面是为了顺应中古汉语词汇双音化的潮流；另一方面与佛经翻译有关，为了便于传诵，采用四字格的形式，求骈求偶，合乎韵律。如"逮得闻/得逮闻"三音节同义连文，单纯看这个三音节结构，似乎不符合语言的经济性原则，"逮"、"得"其中一个音节显得冗余，但若将它们放到四字格的经文中诵读，则不显得冗余了，因为它们合乎佛经诵读的需要。

3.从组合的形式和意义来看，"听"和"闻"既有相似之处也有不同之处。"听"和"闻"的组合结构中，都有同素异序形式，如"听闻/闻听"、"闻见/见闻"，这种现象在汉语词汇双音化的过程中已司空见惯，不足为怪。"听"和"闻"二者在它们的组合中地位相等，意义相同，属于同义并列，在它们还未完成词汇化的时候，其位置往往是不固定的，所以会出现同素异序的现象。偏正结构的组合，如"彻听"、"洞听"、"博闻"、"普闻"等等，受其结构限制不可能有同素异序形式，此不必多言。

但是，"听"和"闻"的组合中有一类需要特别分析，如"听察"、"听受"、"听省"、"听采"、"听纳"、"听摄"、"听禀"、"听许"等，它们的构词方式是由两个动词构成的，这种构词方式很容易被误解为同义并列的双音结构。而在中古时期，如果是同义并列双音结构通常会存在同素异序形式，在我们所调查的语料中却尚未见到这些结构的同素异序形式。因此，我们认为这些结构的构成方式当为一种连动结构，即"听而×之"的形式，"×"代表"察"、"受"、"采"、"纳"、"摄"等等。此外，"闻察"、"闻受"也属于这种连动结构，即"闻而×之"。对这些结构的理解还可以信息论的观点和人类听觉系统的原理加以解释。信息论把信息传递的过程分为五个阶段：

编码—发送—传递—接收—解码

人类听觉系统的器官耳朵负责的是接收，而大脑则负责解码。耳朵将所接收到的信息传递给大脑,大脑通过分析,做出"接收、采纳、省察"等决定,这一信息传递过程便完成了。所以,"听察"、"听受"、"听省"等词处于信息传递的末端的两个相连续阶段,这两个阶段是不可逆的。这一构词方式也符合认知语言学中的"时间顺序原则(The principle of temporal sequence)":"两个句法单位的相对次序决定于它们所表示的概念领域里的状态的时间顺序。"①"听察"、"听受"、"听省"等词的语序正是表达了从"接收"到"解码"的这一时间顺序。这些结构在长期使用过程中,逐渐固定,而"听"本身具有"听从,接受"义、"考察,省察"义,因此我们可以将它们理解为一个同义并列的结构。

# 第二节　听觉动词语义场成员在中土文献中的历时演变描写

同视觉动词语义场的历时研究一样,我们将历时的范围确定于先秦、两汉、魏晋三个时期,描写分析每个时期语义场的义位分布及其组合情况。

## 一、先秦时期

先秦时期听觉动词语义场中共有两个成员:"听"和"闻"。

### (一)听

#### 1."听"的义位分布
"听"在我们选定的先秦语料中共有885例,主要用于以下几个动词性义位:
(1)以耳受声。

　　子曰:"始吾于人也,听其言而信其行;今吾于人也,听其言而观其行。于予与改是。"(《论语·公冶长》,2474上)
　　心忧恐则口衔刍豢而不知其味,耳听钟鼓而不知其声。(《荀子·正名》,431)
　　与秦成,则高台、美宫室,听竽瑟之音,察五味之和。(《战国策·赵

---

① 参看戴浩一著,黄河译:《时间顺序和汉语的语序》,《国外语言学》1988年第1期。

策二》,1018)

（2）听从、接受、服从。

史嚚曰："虢其亡乎！吾闻之：国将兴，听于民；将亡，听于神。"（《左传·庄公三十二年》,1783 下）

昭忌乃为之见秦王曰："臣闻明主之听也，不以挟私为政，是参行也。愿大王无攻魏，听臣也！"（《战国策·魏策四》,1428）

用诸侯之重，听左右之谒，父兄大臣上请爵禄于上，而下卖之以收财利，及以树私党。（《韩非子·八奸》,57—58）

（3）断决、治理。

子曰："听讼，吾犹人也。必也使无讼乎！"（《论语·颜渊》,2504 上）

郑人使子展当国，子西听政，立子产为卿。（《左传·襄公十九年》,1969 上）

处半年，乃自听政，所废者十，所起者九，诛大臣五，举处士六，而邦大治。（《韩非子·喻老》,168）

（4）考察。

张仪又恶陈轸于秦王曰："……且轸欲去秦而之楚，王何不听乎？"（《战国策·秦策一》,218）

（5）听凭、任凭。

匠石运斤成风，听而斫之，尽垩而鼻不伤，郢人立不失容。（《庄子·徐无鬼》,843）

齐侯使宾媚人赂以纪甗、玉磬与地，不可，则听客之所为。（《左传·成公二年》,1895 中）

子之因遗苏代百金，听其所使。（《战国策·燕策一》,1675）

**2."听"的组合情况**

（1）"听从"17 例，表"听从、接受、依从"义。如：

出所以征诛，则莫不听从；入所以揖让，则莫不从服。（《荀子·乐论》,380）

夫必恃人主之自躬亲而后民**听从**,是则将令人主耕以为上,服战雁行也民乃肯耕战,则人主不泰危乎!(《韩非子·外储说左上》,247—248)

君今来讨弊邑之罪,其亦使**听从**而释之,必不泯其社稷;岂其贪壤地,而弃先王之命?(《国语·鲁语上》,160)

(2)"听德"仅1例,表"听用有德之言"义。如:

臣闻国君服宠以为美,安民以为乐,**听德**以为聪,致远以为明。(《国语·楚语上》,541)

(3)"听断"2例,表"听取陈述而作出决定"义,常指听讼断狱。如:

政令法,举措时,**听断**公,上则能顺天子之命,下则能保百姓,是诸侯之所以取国家也。(《荀子·荣辱》,59)

王者之人:饰动以礼义,**听断**以类,明振毫末,举措应变而不穷。夫是之谓有原。(《荀子·王制》,158)

(4)"听命"33例,犹从命。如:

申叔时仆,曰:"筑室,反耕者,宋必**听命**。"(《左传·宣公十五年》,1887下)

祁午见,曰:"晋为诸侯盟主,子为正卿,若能靖端诸侯,使服**听命**于晋,晋国其谁不为子从,何必和? 盍密和,和大以平小乎!"(《国语·晋语八》,457)

(5)"听能"2例,指听从能者的意见。如:

今众人之所以欲成功而反为败者,生于不知道理而不肯问知而**听能**。众人不肯问知**听能**,而圣人强以其祸败适之,则怨。(《韩非子·解老》,137—138)

(6)"听事"3例,用于两个义位:
①听命行事。

对曰:"吾侪小人食而**听事**,犹惧不给命,而不免于戾,焉与知政?"(《左传·襄公三十年》,2011下)

②治事。①

少与之同衣,长与之同车,被王衣以**听事**,真大王之相已。(《战国策·楚策一》,782)

(7)"听讼"仅 1 例,指"听理诉讼、审案"。如:

**听讼**,吾犹人也,必也使无讼乎。(《论语·颜渊》,2504 上)

(8)"听谗"2 例,指听信谗言。如:

桀**听谗**而诛其良将,纣闻谗而杀其忠臣,至身死国亡;今王**听谗**,则无忠臣矣。(《战国策·秦策五》,477)

(9)"听用"3 例,指听从并予采用或任用。如:

智术之士,明察**听用**,且烛重人之阴情;能法之士,劲直听用,且矫重人之奸行。(《韩非子·孤愤》,78—79)

今以吾言为宰虏,而可以**听用**而振世,此非能仕之所耻也。(《韩非子·说难》,92)

(10)"听狱"仅 1 例,指听理讼狱。如:

公曰:"余**听狱**虽不能察,必以情断之。"(《国语·鲁语上》,151)

(11)"听政"12 例,指"坐朝处理政务、执政"。如:

侨闻之,君子有四时:朝以**听政**,昼以访问,夕以修令,夜以安身。(《左传·昭公元年》,2024 上—中)

子之南面行王事,而哙老,不**听政**,顾为臣,国事皆决子之。(《战国策·燕策一》,1675)

处半年,乃自**听政**,所废者十,所起者九,诛大臣五,举处士六,而邦大治。(《韩非子·喻老》,168)

(12)"听治"6 例,指断狱治事。如:

天子、诸侯子十九而冠,冠而**听治**,其教至也。(《荀子·大略》,512)

---

① 《汉语大词典》此义项下举《史记》、《汉书》、《后汉书》用例,书证晚出。

人主挟大利以**听治**,故其任官者当能,其赏罚无私。(《韩非子·六反》,417)

(13)"听罪"仅1例,谓服罪:

齐战败不胜,谋则不得,使陈毛释剑㧑委南**听罪**。西说赵,北说燕,内喻其百姓,而天下乃齐释。(《战国策·秦策四》,427)

(14)"听决"仅1例,指"听事决案、听候断决"①:

观其朝廷,其闲**听决**百事不留,恬然如无治者,古之朝也。(《荀子·强国》,303)

(15)"听朝"5例,指临朝听政。如:

君昧爽而栉冠,平明而**听朝**,一物不应,乱之端也,君以此思忧,则忧将焉而不至矣!(《荀子·哀公》,543)

晋文公得南之威,三日不**听朝**,遂推南之威而远之,曰:"后世必有以色亡其国者。"(《战国策·魏策二》,1353—1354)

(16)"闻听"仅1例,指"听见、知道"②。如:

凡流言、流说、流事、流谋、流誉、流愬,不官而衡至者,君子慎之。**闻听**而明誉之,定其当而当,然后士其刑赏而还与之。(《荀子·致士》,259)

(17)"过听"3例,指错误地听取。如:

故楚之土壤士民非削弱,仅以救亡者,计失于陈轸,**过听**于张仪。(《战国策·秦策二》,232)

兵为秦禽,智为楚笑,**过听**于陈轸,失计于韩明也。(《战国策·韩策一》,1514)

(18)"兼听"7例,指广泛听取意见。如:

今以一人**兼听**天下,日有余而治不足者,使人为之也。(《荀子·王霸》,213)

---

① 《汉语大词典》此义项举宋范仲淹《与知郡职方书》用例,书证晚出。
② 《汉语大词典》此义项举《红楼梦》用例,书证晚出。

隆礼至法则国有常，尚贤使能则民知方，……**兼听**齐明则天下归之。(《荀子•君道》,238—239)

**附**：先秦时期"听"动词性义位分布及其组合情况概图：

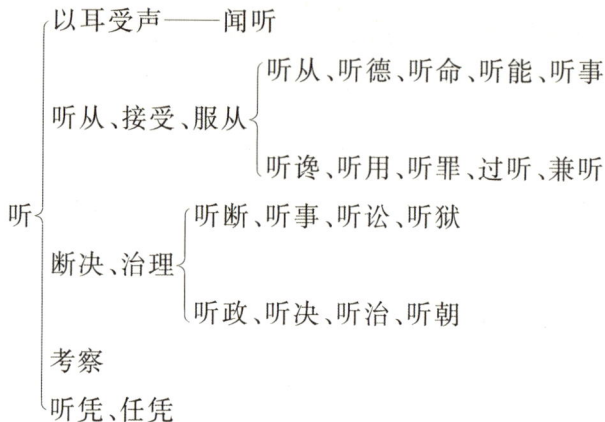

听
以耳受声——闻听

听从、接受、服从
听从、听德、听命、听能、听事
听谗、听用、听罪、过听、兼听

断决、治理
听断、听事、听讼、听狱
听政、听决、听治、听朝

考察

听凭、任凭

## （二）闻

### 1. 关于"闻"的词义问题

关于"闻"的词义问题,学术界在上世纪 60 年代曾开展过一次讨论,主要文章有：张永言《词义演变二例》(1960)、殷孟伦《"闻"的转义用法时代还要早》(1960)、张永言《再谈"闻"的词义问题》(1962)、傅东华《关于"闻"的词义》(1962)、殷孟伦《"闻"的词义问题》(1962)。洪成玉在 1989 年发表的《释"闻"》对上述争论进行了总结,通过考证,提出了自己的观点：

（1）"闻"的初义兼上达、闻知两义。

（2）声音、气味、名声等由此达彼或"声所至、传布"等意义,是从上达引申出来的。感知声音、气味、事理等意义,是从闻知引申出来的。知声音和知气味是横向关系,不是纵向关系。

（3）"闻"所表示的知声音和知气味都是被动感知的。

（4）闻知者与所闻知的事物,两者之间往往有一段空间或时间的距离,而且可能是较大的距离。[①]

"闻"的词义演变按照洪成玉先生的观点可以梳理如下：

---

① 参看洪成玉：《释"闻"》,《北京师范学院学报》(社会科学版)1989 年第 5 期。

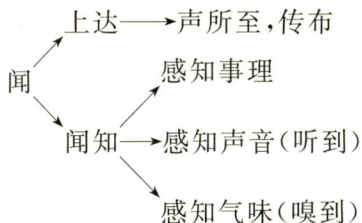

我们认为,这种观点是可取的。"闻"之所以既能用作听觉动词又能用作嗅觉动词,是因为它们之间有相似之处:都表示被动的感知。

**2."闻"的义位分布**

"闻"在我们选定的先秦语料中共 1517 例,主要用于以下几个义位:

(1)听见。

> 夫君子之居丧,食旨不甘,**闻**乐不乐,居处不安,故不为也。(《论语·阳货》,2526 上)

> 民**闻**公命,如逃寇雠。(《左传·昭公三年》,2031 中)

> 郑子产晨出,过东匠之间,**闻**妇人之哭,抚其御之手而听之。(《韩非子·难三》,376)

> 襄公如楚,及汉,**闻**康王卒,欲还。(《国语·鲁语下》,191)

(2)听说、知道。

> 故有良法而乱者,有之矣;有君子而乱者,自古及今,未尝**闻**也。(《荀子·王制》,151)

> 孟子曰:"圣人,百世之师也,伯夷、柳下惠是也。故**闻**伯夷之风者,顽夫廉,懦夫有立志。"(《孟子·尽心下》,2774 下)

> 赵王曰:"寡人年少,莅国之日浅,未尝得**闻**社稷之长计。"(《战国策·赵策二》,1019)

(3)接受。

> 对曰:"小国言之,大国制之,敢不听从? 既**闻**命矣,敬共以往,迟速唯君。"(《左传·昭公十三年》,2071 下)

> 义渠君曰:"谨**闻**令。"居无几何,恶果伐秦。(《战国策·秦策二》,246)

(4) 传播、传扬。

田开之曰:"开之操拔篲以侍门庭,亦何**闻**于夫子!"(《庄子·达生》,645)

秦攻赵,鼓铎之音**闻**于北堂。(《战国策·赵策三》,1164)

今君掩王东海,以淫名**闻**于天子,君有短垣,而自逾之,况蛮、荆则何有于周室?(《国语·吴语》,613)

(5) 闻名、著称。

他年,其二子来,孟献子爱之,**闻**于国。(《左传·文公十五年》,1855)

甘茂少而事史举先生,史举,上蔡之监门也,大不事君,小不事家,以苛刻**闻**天下,茂事之顺焉。(《韩非子·内储说下》,257)

阎没谓叔宽曰:"与子谏乎! 吾主以不贿**闻**于诸侯,今以梗阳之贿殃之,不可。"(《国语·晋语九》,488)

(6) 使君主知道、向君主报告。亦泛指向上级或官府报告。

子产为丰施归州田于韩宣子,曰:"……其子弗敢有,不敢以**闻**于君,私致诸子。"(《左传·昭公七年》,2049 下)

左师公曰:"老臣贱息舒祺,最少,不肖,而臣衰,窃爱怜之,愿令得补黑衣之数,以卫王官,没死以**闻**!"(《战国策·赵策四》,1232)

使人臣之欲有言者,不敢不下适近习能人之心,而乃上以**闻**人主。(《韩非子·备内》,113—114)

### 3. "闻"的组合情况

(1) "闻见"11 例,用于以下两个义位:

①听到和看见。

今道虽不可得**闻见**,圣人执其见功以处见其形,故曰:"无状之状,无物之象。"(《韩非子·解老》,148)

国无事则已,国有事,臣必**闻见**王独立于庭也。《战国策·秦策三》,334)

②所闻所见、知识。

是非容貌之患也,**闻见**之不众,论议之卑尔。(《荀子·非相》,76)

略法先王而不知其统,犹然而材剧志大,**闻见**杂博。(《荀子·非十二子》,94)

(2)"闻义"仅 1 例,谓听到合乎义理的事:

子曰:"德之不修,学之不讲,**闻义**不能徙,不善不能改,是吾忧也。"(《论语·述而》,2481 下)

(3)"闻命"35 例,指接受命令或教导。如:

逢执事之不间,而未得见;又不获**闻命**,未知见时。(《左传·襄公三十一年》,2015 上)

王曰:"先生就舍,寡人**闻命**矣。"(《战国策·楚策三》,845)

(4)"闻令"仅 1 例,义同"闻命":

义渠君曰:"谨**闻令**。"(《战国策·秦策二》,246)

(5)"闻道"9 例,指领会某种道理。如:

子曰:"朝**闻道**,夕死可矣。"(《论语·里仁》,2471 中)

陈相见孟子,道许行之言曰:"滕君则诚贤君也;虽然,未**闻道**也。(《孟子·滕文公上》,2705 中)

(6)"闻知"2 例,指"听说、知道":

若告我以人事者,不过此矣,皆吾所**闻知**也。(《庄子·盗跖》,999—1000)

是以明主言法,则境内卑贱莫不**闻知**也,不独满于堂。(《韩非子·难三》,380)

(7)"相闻"4 例,指彼此都能听到,极言距离之近。如:

昔者齐国邻邑相望,鸡狗之音**相闻**,罔罟之所布,耒耨之所刺,方二千余里。(《庄子·胠箧》,343)

故夜战声**相闻**,足以不乖;昼战目相见,足以相识。(《国语·齐语》,232)

(8)"发闻"3 例,指"闻名、传扬名声"。如:

众归而民留之,以誉盈于国,**发闻**于主。(《韩非子·说疑》,406)

桓公又亲问焉,曰:"于子之属,有居处为义好学、慈孝于父母、聪慧质仁、**发闻**于乡里者,有则以告。"(《国语·齐语》,238)

附:先秦时期"闻"动词性义位分布及其组合情况概图:

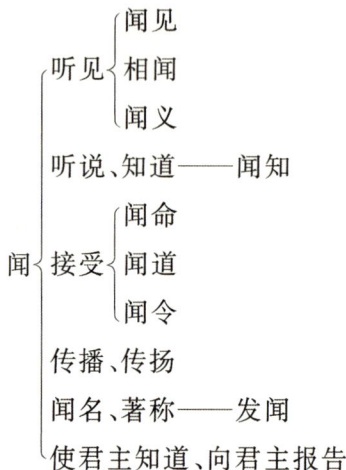

```
                  ┌ 闻见
          ┌ 听见 ┤ 相闻
          │      └ 闻义
          │
          │ 听说、知道——闻知
          │
          │      ┌ 闻命
     闻 ──┤ 接受 ┤ 闻道
          │      └ 闻令
          │
          │ 传播、传扬
          │
          │ 闻名、著称——发闻
          │
          └ 使君主知道、向君主报告
```

## (三)小  结

从我们选定的先秦语料来看,"听"和"闻"在先秦时期已经基本完成了词义系统的引申发展。"闻"的用例几乎是"听"的两倍,但其组合能力却不如"听"。从义素分析的角度来看,"听"的本义只包含一个义素:"+以耳受声",即听的动作;"闻"的本义包含两个义素:"+以耳受声+听的结果",相比较而言,"听"的限定性义素少,所以自由度大,其组合能力也相对较强。在先秦语料中有如下用例:

故有焱氏为之颂曰:"听之不**闻**其声,视之不见其形,充满天地,苞裹六极。"(《庄子·天运》,507—508)

是所谓"视乎不可见,听乎不可**闻**,为乎不可成",此之谓也。(《荀子·君道》,246)

## 二、两汉时期

到了两汉时期,较之先秦时期,听觉动词语义场中又增加了"聆"这个成员。

（一）听

**1.“听”的义位分布**

“听”在我们选定的汉代语料中共有 1130 例，主要有以下几个动词性义位：

（1）以耳受声。

　　所谓乐者，岂必处京台、章华，游云梦沙丘，耳**听**《九韶》《六莹》，口味煎熬芬芳，驰骋夷道，钓射鹔鹴之谓乐乎？（《淮南子·原道》，66）

　　是故目观玉辂琬象之状，耳**听**《白雪》清角之声，不能以乱其神。（《淮南子·俶真》，109）

（2）听从、接受、服从。

　　释帝而贷之以伐桀宋之事，国重而名尊，燕楚所以形服，天下莫敢不**听**，此汤武之举也。（《史记·田敬仲完世家》，1899）

　　使者以闻，有诏不**听**，会西域诸国王斩以示之。（《汉书·匈奴传下》，3819）

（3）断决、治理。

　　禹之时以五音**听**治，悬钟、鼓、磬、铎，置鞀，以待四方之士。（《淮南子·泛论》，941）

　　孝惠以此日饮为淫乐，不**听**政，故有病也。（《史记·吕太后本纪》，397）

　　狱讼有是非，人情有曲直，何不并令屈轶指其非而不直者，必苦心**听**讼，三人断狱乎？（《论衡·是应》，759）

（4）考察。

　　赵良曰：“反**听**之谓聪，内视之谓明，自胜之谓强。”（《史记·商君列传》，2233）

（5）听凭、任凭。

　　**听**其自流，待其自生，则鲧、禹之功不立，而后稷之智不用。（《淮南子·修务》，1322）

子之因遗苏代百金,而**听**其所使。(《史记·燕召公世家》,1555)

万世问贺:"前见废时,何不坚守毋出宫,斩大将军,而**听**人夺玺绶乎?"(《汉书·武五子传》,2769)

天道无为,**听**恣其性,故放鱼于川,纵兽于山,从其性命之欲也。(《论衡·自然》,782)

**2.“听”的组合情况**

(1)“洞听”2例,指“透彻深入地听闻”,如:

先知、见方来之事,无达视**洞听**之聪明,皆案兆察迹,推原事类。(《论衡·实知》,1075)

使圣人达视远见,**洞听**潜闻,与天地谈,与鬼神言,知天上地下之事,乃可谓神而先知,与人卓异。(《论衡·实知》,1096)

(2)“听许”6例,指“听而许之”。如:

为相六岁,鸿嘉元年以老病乞骸骨,上加优再三,乃**听许**。(《汉书·张禹传》,3349)

顷被疾病,念存首丘,比自乞归,未见**听许**。(《风俗通义·十反》,251)

(3)“听察”2例,指“听而察之”,如:

雉者**听察**,先闻雷声,故《月令》以纪气。(《汉书·五行志》,1417)

后生难处,损益易明也。此尚为远,非所**听察**也。(《论衡·实知》,1077)

(4)“反听”仅1例,谓自我省察,如:

赵良曰:"**反听**之谓聪,内视之谓明,自胜之谓强。"(《史记·商君列传》,2233)

除以上三个组合以外,汉代语料中还有"听谀"(10例)、"听朝"(7例)、"听从"(9例)、"听断"(4例)、"听命"(5例)、"听事"(8例)、"听讼"(13例)、"听用"(3例)、"听狱"(4例)、"听政"(18例)、"听治"(9例)、"听罪"(1例)、"过听"(11例)、"兼听"(9例)。这些组合在先秦语料中已经出现过,兹不再举例分析。

**附**：汉代语料中"听"的义位分布及其组合情况如下图：

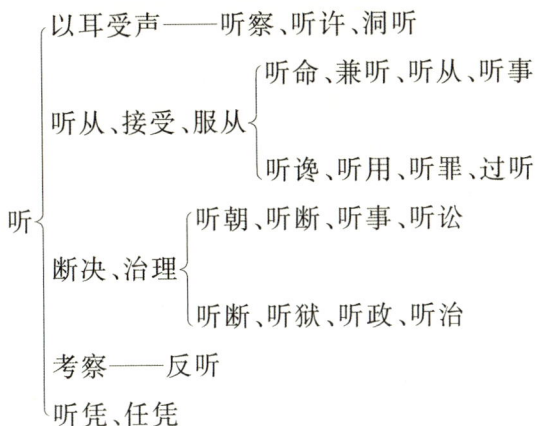

```
        ┌ 以耳受声——听察、听许、洞听
        │                  ┌ 听命、兼听、听从、听事
        │  听从、接受、服从 ┤
        │                  └ 听逸、听用、听罪、过听
  听 ┤                  ┌ 听朝、听断、听事、听讼
        │  断决、治理     ┤
        │                  └ 听断、听狱、听政、听治
        │  考察——反听
        └ 听凭、任凭
```

## （二）闻

### 1."闻"的义位分布

"闻"在我们选定的汉代语料中，属于听觉动词语义场中的用例共 3083 个。其义位分布如下：

（1）听见。

夜半时**闻**鼓琴声，问左右，皆对曰"不**闻**"。（《史记·乐书》，1235）

天之去人以万数远，则目不能见，耳不能**闻**。（《论衡·艺增》，385）

（2）听说、知道。

相如**闻**，不肯与会。相如每朝时，常称病，不欲与廉颇争列。（《史记·廉颇蔺相如列传》，2443）

丞相嘉**闻**，大怒，欲因此过为奏请诛错。（《史记·袁盎晁错列传》，2746）

（3）接受。

军中**闻**将军令，不**闻**天子之诏。（《史记·绛侯周勃世家》，2074）

（4）传播、传扬。

哀帝亦欲改易大臣，遂策免武曰："君举错烦苛，不合众心，孝声不**闻**，恶名流行。"（《汉书·何武传》，3486）

言其**闻**于天，增之也。彼言声**闻**于天，见鹤鸣于云中，从地听之，度

其声鸣于地,当复闻于天也。(《论衡·艺增》,385)

(5) 闻名、著称。

自上为太子时,以好色闻,及即位,皇太后诏采良家女。(《汉书·杜周传》,2667)

具狱上府,于公以为此妇养姑十余年,以孝闻,必不杀也。(《汉书·于定国传》,3041—3042)

(6) 使君主知道、向君主报告。亦泛指向上级或官府报告。

是故号令能下究,而臣情得上闻。(《淮南子·主术》,657)

至成帝鸿嘉元年,定令:"年未满七岁,贼斗杀人及犯殊死者,上请廷尉以闻,得减死。"(《汉书·刑法志》,1106)

**2.“闻”的组合情况**

(1)“流闻”7 例,指“辗转传闻、流播”。如:

一切治理,威名流闻,及匈奴降者言匈奴中皆闻广汉。(《汉书·赵广汉传》,3200—3201)

今贤散公赋以施私惠,一家至受千金,往古以来贵臣未尝有此,流闻四方,皆同怨之。(《汉书·王嘉传》,3498)

著去邺,浅薄流闻,不为公府所取。(《风俗通义·穷通》,339)

(2)“布闻”7 例,指“流布传闻”。如:

周作《晋文侯命》:“王若曰:父义和,丕显文、武,能慎明德,昭登于上,布闻在下,维时上帝集厥命于文、武。”(《史记·晋世家》,1667)

及君奏封事,传于道路,布闻朝市,言事者以为大臣不忠,辜陷重辟,获虚采名,谤讧匈匈,流于四方。(《汉书·师丹传》,3507)

(3)“相闻”4 例,其中属于汉代新出现的义项“相互传递信息”的有 2 例:

神爵中,匈奴乖乱,日逐王先贤掸欲降汉,使人与吉相闻。(《汉书·郑吉传》,3005)

止留戊己校尉城,遣人与匈奴南将军相闻,南将军以二千骑迎良等。(《汉书·西域传》,3926)

(4)"闻教"2 例,指"受教、领教"①:

樊于期偏袒搤捥而进曰:"此臣之日夜切齿腐心也,乃今得**闻教**!" (《史记·刺客列传》,2533)

陛下多病志逸,不能省察。欲举兵诛之,谨**闻教**。(《汉书·刘濞传》,1910)

(5)"闻善"18 例,指"闻知善言善行"。如:

**闻善**易,以正身难。(《淮南子·缪称》,722)

朝无争臣则不知过,国无达士则不**闻善**。(《汉书·萧望之传》,3274)

足以愎谏,**闻善**不从。(《潜夫论·叙录》,472)

(6)"著闻"仅 1 例,指闻名。如:

当是时,季心以勇,布以诺,**著闻**关中。(《史记·季布栾布列传》,2732)

(7)"传闻"7 例,指非亲见亲闻,而出自他人的转述。亦指所传闻的事。如:

安息长老**传闻**条枝有弱水、西王母,而未尝见。(《史记·大宛列传》,3163—3164)

歆以为左丘明好恶与圣人同,亲见夫子,而公羊、穀梁在七十子后,**传闻**之与亲见之,其详略不同。(《汉书·楚元王传》,1967)

子山之传,岂必审是?**传闻**依为之有状,会三府之士,终能为,子山为之,斯须不难。(《论衡·佚文》,863)

《春秋》以为"**传闻**不如亲见,见之人斯为审矣"。(《风俗通义·正失》,69)

(8)"发闻"2 例,先秦已有之,在我们检索的汉代语料中,用于两个义位:
  ①传播、显扬。

昔唐尧之大圣也,聪明宣昭;虞舜之大圣也,德音**发闻**。(《潜夫论·潜叹》,104)

  ②发声使人听到。

孟贲狎猛虎而不慴,婴人畏蝼蚁而**发闻**。(《潜夫论·卜列》,300)

---

① 《汉语大词典》此义项举清代蒲松龄《聊斋志异》用例,书证晚出。

除以上组合外,汉代语料中还有"闻道"(7 例)、"闻见"(20 例)、"闻令"(1 例)、"闻命"(15 例)、"闻义"(2 例)、"闻知"(30 例)。这些组合先秦时期已经出现,兹不再举例分析。

附:"闻"在汉代语料中的义位分布及其组合情况见下图:

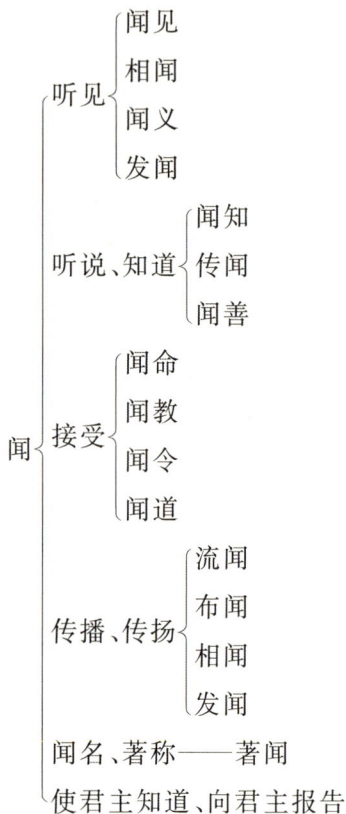

```
        ┌ 听见 ┤ 闻见
        │      │ 相闻
        │      │ 闻义
        │      └ 发闻
        │
        │ 听说、知道 ┤ 闻知
        │            │ 传闻
        │            └ 闻善
        │
  闻 ┤ 接受 ┤ 闻命
        │      │ 闻教
        │      │ 闻令
        │      └ 闻道
        │
        │ 传播、传扬 ┤ 流闻
        │            │ 布闻
        │            │ 相闻
        │            └ 发闻
        │
        │ 闻名、著称──著闻
        │
        └ 使君主知道、向君主报告
```

## (三) 聆

"聆"是听觉动词语义场在汉代语料中新出现的一个成员。在我们选定的汉代语料中只有 2 个用例,表"听、闻"义;其组合情况只有一种,即"聆听"。如:

> 聆听前世,清视在下,鉴莫近于斯矣。(《法言•五百》,274)

> 妣聆呱而刻石兮,许相理而鞠条。(《汉书•叙传》,4220)

> 答曰:"齐、越之事,敬闻命矣。至于元服,其事如此。明公既为乡里,超然远览,何为过聆晋语,简在心事乎?"(《风俗通义•正失》,128)

（四）小　结

听觉动词语义场到了汉代，出现了一个新的成员："聆"。其他两个成员"听"和"闻"并没有太大的变化。其义位分布和组合情况，在先秦时期的基础上略有发展，但没有急剧的变化，只是一种渐变。

## 三、魏晋时期

魏晋时期听觉动词语义场仍旧有三个成员："听"、"闻"、"聆"。

（一）听

### 1.“听”的义位分布

"听"在我们所选的魏晋时期的语料中，属于听觉动词语义场的用例共594个。主要用于以下几个动词性义位：

（1）以耳受声。

金沉羽浮，山峙川流，视之不见，**听**之不闻，存之则在，忽之则亡。（东晋·葛洪《抱朴子内篇·地真》,323）

若夫疏风气而探微候，**听**鸟鸣而识神机，亦一代之奇也。（《三国志·魏志·管辂传》裴松之案语,827—828）

（2）听从、接受、服从。

韩馥、袁绍自称大将军，遣使推大司马刘虞为帝，不**听**；复劝虞承制封拜，又不**听**，然犹与绍连结。（《后汉纪·献帝纪》,739）

今日之事，去就可知也。将军能**听**粲计，卷甲倒戈，应天顺命，以归曹公，曹公必重德将军。（《三国志·魏志·王粲传》裴注引文士传载粲说琮,598）

（3）断决、治理。

帝嘉其治，诏特**听**朝，引上殿。（《三国志·魏志·张既传》裴注引《魏氏春秋》,473—474）

胤每**听**辞讼，断罪法，察言观色，务尽情理。（《三国志·吴志·滕胤传》裴注引《吴志》,1443）

(4) 考察。

其始也,皆收视反**听**,耽思傍讯,精骛八极,心游万仞。(《陆机集·文赋》,1)

(5) 听凭、任凭。

绍等所赐妾及男女家人在此者,悉**听**自随,以明国恩,不必使还,以开广大信。(《三国志·魏志·陈留王传》,153)

高干长材,恃能胜己,屈伸默语,**听**天任命,穷通得失,委之自然,亦焉得不堕多党者之后,而居有力者之下乎?(《抱朴子外篇·审举》,391)

**2.“听”的组合情况**

“听”在我们选定的魏晋时期语料中的组合情况分析如下:

(1)“听采”4例,指听而采纳之。如:

至如修者,**听采**风声,仰德不暇,目周章于省览,何惶骇于高视哉?(《三国志·魏志·任城王传》裴注引《典略》,559)

自旦至今,**听采**圣论,未有《易》之一分,《易》安可注也!(《三国志·魏志·管辂传》裴注引《辂别传》,823)

愿陛下留意**听采**,臣虽死之日,犹生之年也。(《三国志·吴志·孙登传》,1366)

(2)“恣听”3例,指听任。如:

武好酒,敢直言,时醉在上前,面折同列,言其短长,无所回避。上**恣听**之。(《后汉纪·光武帝纪》,181)

交阯麋泠、九真都庞二县,皆兄死弟妻其嫂,世以此为俗,长吏**恣听**,不能禁制。(《三国志·吴志·薛综传》,1252)

(3)“反听”5例,在我们选定的魏晋语料中用于以下两个义位:

①自我省察。

若比之于内视**反听**,爱气啬精;明白四达,而无执无为;遗世坐忘,以宝性全真;吾所不能同也。(三国魏·嵇康《嵇康集·答难养生论》,179)

学仙之法,欲得恬愉澹泊,涤除嗜欲,内视**反听**,尸居无心,……则谓之在予。(《抱朴子内篇·论仙》,17)

②不听。

其始也,皆收视**反听**,耽思傍讯,精骛八极,心游万仞。(《陆机集·文赋》,1)

(4)"听使"5例,表"听凭,任由"义。如:

司马宣王闻而嘉之,**听使**乞子字养,为曹氏后,名显于世。(《三国志·魏志·何晏传》裴注引皇甫谧《列女传》,293)

宜**听使**攻城,挫其锐气,不当与争锋也。(《三国志·魏志·田豫传》,728)

如是者再三,女父母乃**听使**就小屋中宿,傍顿钱帛,至生子已长大,乃将妇归家。(《三国志·魏志·乌丸鲜卑东夷传》,844)

除以上几个组合外,还有"听察"(2例)、"听馋"(1例)、"听朝"(4例)、"听从"(1例)、"听断"(6例)、"听命"(2例)、"听事"(9例)、"听讼"(4例)、"听许"(13例)、"听用"(6例)、"听政"(3例)、"听治"(2例)、"听罪"(1例)、"过听"(3例)、"反听"(6例)。兹不再举例分析。

**附:** 魏晋时期语料中"听"的义位分布及其组合情况如下图:

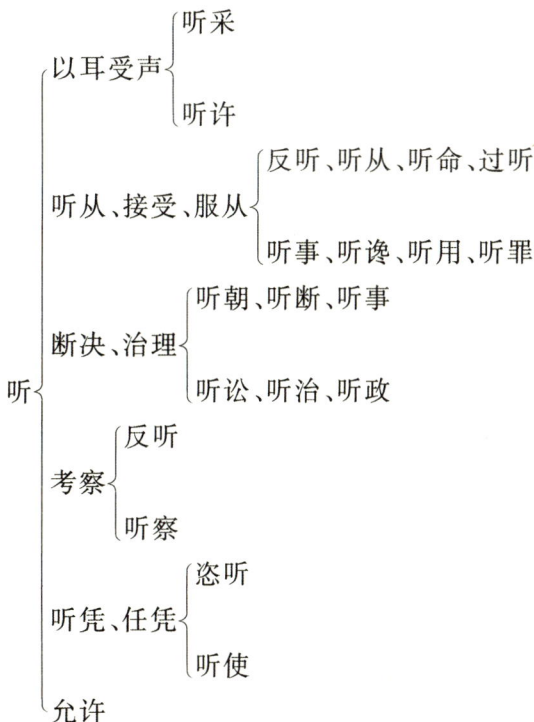

```
                   ┌ 听采
        以耳受声  ┤
        │          └ 听许
        │
        │                  ┌ 反听、听从、听命、过听
        │ 听从、接受、服从 ┤
        │                  └ 听事、听谗、听用、听罪
        │
        │          ┌ 听朝、听断、听事
   听 ──┤ 断决、治理 ┤
        │          └ 听讼、听治、听政
        │
        │      ┌ 反听
        │ 考察 ┤
        │      └ 听察
        │
        │          ┌ 恣听
        │ 听凭、任凭 ┤
        │          └ 听使
        │
        └ 允许
```

（二）闻

**1."闻"的义位分布**

"闻"在我们选定的魏晋时期语料中共 2338 例,主要用于以下几个义位:

（1）听见。

　　夫人好音乐,能弹箜篌。**闻**人弦歌,辄便起舞。(《搜神记》卷四,53)

　　后三日,有人过,**闻**儿啼声。母因掘收养之。(《搜神记》卷六,81)

（2）听说、知道。

　　太祖为魏公,**闻**之,召为郎。(《三国志·魏志·朱建平传》,808)

　　重从远还,**闻**玉已死,故赍牲币,诣冢吊唁。(《搜神记》卷十六,201)

（3）接受。

　　臣以蒙蔽,德非二圣,猥当天统,不敢**闻**命。(《三国志·魏志·文帝纪》裴注引《献帝传》,73)

　　因自然以为基,仰造化而**闻**道。(《陆机集·列仙赋》,22)

（4）传播、传扬。

　　遂环昆阳作营,围之数重,云车十余丈,旗帜蔽野,金鼓之声**闻**数十里。(《后汉纪·光武帝纪》,17)

　　金城郭冲以为亮权智英略,有逾管、晏,功业未济,论者惑焉,条亮五事隐没不**闻**于世者,宝等亦不能复难。(《三国志·蜀志·诸葛亮传》裴注引《蜀记》,917)

（5）闻名、著称。

　　贞字吉甫,少以才**闻**,能谈论。(《三国志·魏志·王粲传》裴注引《文章叙录》,604)

　　臣本布衣,躬耕于南阳,苟全性命于乱世,不求**闻**达于诸侯。(《三国志·蜀志·诸葛亮传》,920)

雍族人悌,字子通,以孝悌廉正**闻**于乡党。(《三国志・吴志・顾雍传》裴注引《吴志》,1228)

(6) 使君主知道、向君主报告。亦泛指向上级或官府报告。

冲等不通大体,敢以陈**闻**。(《阮籍集・为郑冲劝晋王笺》,37)

又左右常从有罪过者,当以表**闻**,公付有司,而擅私杀,事不明白。(《三国志・吴志・孙奋传》,1374)

帝曰:"卿不仁,有道而不**闻**于朕,非忠臣也。"(《神仙传》卷八,179)

## 2."闻"的组合情况

(1) "闻问"6例,指通音问、通消息。[①] 如:

惟须东问,影响相应,**闻问**之日,能不慷慨!(《三国志・魏志・毌丘俭传》裴注引《文钦与郭淮书》,766)

亮卒于敌庭,周在家**闻问**,即便奔赴,寻有诏书禁断,惟周以速行得达。(《三国志・蜀志・谯周传》,1072)

休初**闻问**,意疑,楷、朝具述缣等所以奉迎本意,留一日二夜,遂发。(《三国志・吴志・孙休传》,1155)

(2) "表闻"12例,指上表申闻于上。如:

主者以旧典宜先**表闻**,玄曰:"民以死矣。"(《后汉纪・灵帝纪上》,680)

又委罪朱异,擅杀功臣,不先**表闻**。(《三国志・吴志・孙綝传》裴注引《江表传》,1448)

吏后以**表闻**先主,发视其棺中,唯一奏版符耳。先主思象,使以所住屋为庙,时时躬往祭之。(《神仙传・介象》,206)

(3) "陈闻"7例,指陈述上闻。如:

而臣敢**陈闻**于陛下者,诚与国分形同气,忧患共之者也。(《三国志・魏志・任城王传》,568)

---

① 《大词典》该义项下首引《宋书・张敷传》:"琅邪颜延之书吊茂度曰:'……岂谓中年,奄为长往,闻问悼心,有兼恒痛。'"书证稍晚。

今臣不敢章宣愚情,以露天恩,谨伏手书,冒昧**陈闻**,乞圣朝哀察。(《三国志·吴志·诸葛恪传》,1442)

(4)"发闻"8例,指"传播、显扬"。如:

伏惟陛下应乾符运,至德**发闻**,升昭于天,是三灵降瑞,人神以和,休征杂沓,万国响应,虽欲勿用,将焉避之?(《三国志·魏志·文帝纪》,68)

凶德既彰,淫秽**发闻**,损辱神器,忝污宗庙。(《三国志·魏志·董卓传》裴注引《献帝起居注》,175)

初,骑子张俶多所谮白,累迁为司直中郎将,封侯,甚见宠爱,是岁奸情**发闻**,伏诛。(《三国志·吴志·孙皓传》,1172)

(5)"见闻"4例,动词,指"耳闻目睹"。如:

况乎仙人居高处远,清浊异流,登逝遂往,不返于世,非得道者,安能**见闻**。(《抱朴子内篇·论仙》,20)

但彼人之道成,则蹈青霄而游紫极,自非通灵,莫之**见闻**,吾子必为无耳。(《抱朴子内篇·微旨》,123)

(6)"素闻"14例,表"一向听说"义。如:

齐地**素闻**俊名,始入界,盗贼大散。(《后汉纪·光武帝纪》,121)

超负其力,阴欲前突太祖,**素闻**褚勇,疑从骑是褚。(《三国志·魏志·许褚传》,542—543)

或有**素闻**其名,乃在云日之表者。(《抱朴子内篇·金丹》,70)

(7)"宿闻"7例,指早已知闻。如:

太祖**宿闻**其名,甚礼遇之。(《三国志·魏志·王朗传》裴松之案语,421)

时五官将博延英儒,亦**宿闻**淳名,因启淳欲使在文学官属中。(《三国志·魏志·王粲传》裴注引《魏氏春秋》,603)

除以上组合外,还有"闻道"(8例)、"闻见"(20例)、"闻命"(8例)、"闻善"(7例)、"闻义"(3例)、"闻知"(23例)、"流闻"(8例)、"相闻"(38例)、"著闻"(7例)。这几个组合在汉代语料中已有,此处不再分析。

附："闻"在魏晋时期语料中的义位及其组合情况见下图：

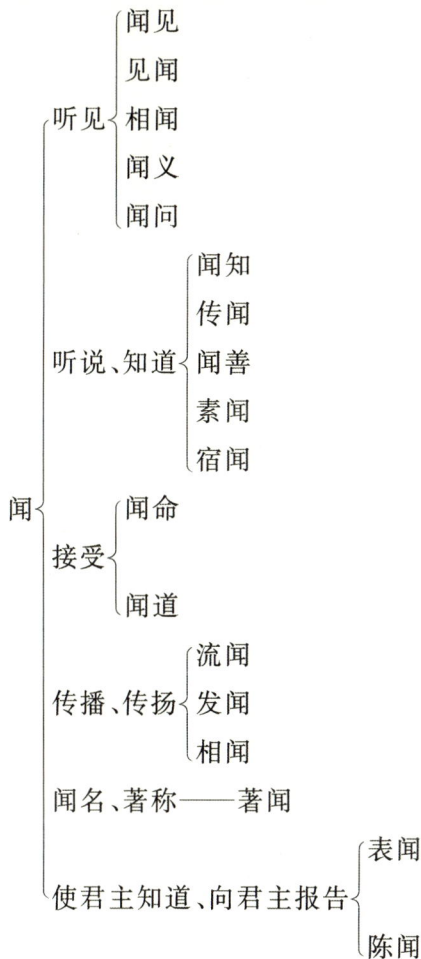

```
                    ┌ 闻见
                    │ 见闻
             听见 ┤ 相闻
                    │ 闻义
                    └ 闻问

                    ┌ 闻知
                    │ 传闻
       听说、知道 ┤ 闻善
                    │ 素闻
                    └ 宿闻

闻 ┤        接受 ┬ 闻命
                    └ 闻道

                    ┌ 流闻
       传播、传扬 ┤ 发闻
                    └ 相闻

       闻名、著称──著闻

  使君主知道、向君主报告 ┬ 表闻
                          └ 陈闻
```

## （三）聆

"聆"在我们选定的魏晋时期语料中只有一个义位,表"听、闻"义,共 11 例。如：

> 开丹桂之琴瑟兮,**聆**崇陵之参差。(《阮籍集·清思赋》,23)
> 伫鸣条以招风,**聆**哀音其如玉。(《陆机集·应嘉赋》,21)
> 候颜已冥,**聆**音愈漠。(《陶渊明集·自祭文》,556)
> **聆**白雪之九成,然后悟巴人之极鄙;识儒雅之汪濊,尔乃悲不学之固陋。(《抱朴子外篇·广譬》,327)

## （四）小　结

与汉代相比，魏晋时期听觉动词语义场在义位分布方面并没有什么变化，但其组合能力明显增强了。

### 四、听觉动词语义场的历时演变梳理

根据听觉动词语义场成员在选定的先秦、两汉和魏晋三个时期的文献中的使用情况，我们作如下的统计：

| 成员 | 先秦 | 汉代 | 魏晋 |
|---|---|---|---|
| 听 | 885(10) ① | 1130(5.02) | 594(3.71) |
| 闻 | 1517(17.14) | 3083(13.7) | 2338(14.6) |
| 聆 | 0(0) | 2(0.01) | 11(0.07) |

从上表中可以看出，从先秦到汉代、魏晋时期，听觉动词语义场的成员基本保持稳定，"闻"在该语义场中占据主要地位，用例和使用频率都占上风，其使用频率也基本稳定。"听"的使用频率逐渐减少。"聆"在汉代加入该语义场后，用例逐渐增多。

### （一）义位分布的历时比较

### 1. 听

| 义位 | 先秦 | 汉代 | 魏晋 |
|---|---|---|---|
| 以耳受声 | ＋ | ＋ | ＋ |
| 听从、接受、服从 | ＋ | ＋ | ＋ |
| 断决、治理 | ＋ | ＋ | ＋ |
| 考察 | ＋ | ＋ | ＋ |
| 听凭、任凭 | ＋ | ＋ | ＋ |

---

① 表中数字，前面表示用例书目，括弧内的数字为万字使用率。

**2. 闻**

| 义位 | 先秦 | 汉代 | 魏晋 |
|---|---|---|---|
| 听见 | + | + | + |
| 听说、知道 | + | + | + |
| 接受 | + | + | + |
| 传播、传扬 | + | + | + |
| 闻名、著称 | + | + | + |
| 使君主知道、向君主报告 | + | + | + |

**3. 聆**

"聆"在汉代出现以后没有发展演变,不再分析。

**4. 小　结**

从以上表格可以看出,听觉动词语义场的两个主要成员"听"和"闻"在先秦时期就基本上完成了词义的演变,并且在中古时期呈现出相对稳定的状态。

**（二）义位组合能力的历时比较**

**1. 听**

| 组合 | 先秦 | 汉代 | 魏晋 |
|---|---|---|---|
| 闻听 | + | | |
| 听从 | + | + | + |
| 听德 | + | | |
| 听命 | + | + | + |
| 听能 | + | | |
| 听事 | + | + | + |
| 听谗 | + | + | + |
| 听用 | + | + | + |
| 听罪 | + | + | + |
| 过听 | + | + | + |

竺法护译经感觉动词语义场研究

**续　表**

| 组合 | 先秦 | 汉代 | 魏晋 |
|---|---|---|---|
| 兼听 | ＋ | ＋ |  |
| 听断 | ＋ | ＋ | ＋ |
| 听讼 | ＋ | ＋ | ＋ |
| 听狱 | ＋ | ＋ |  |
| 听政 | ＋ | ＋ | ＋ |
| 听决 | ＋ |  |  |
| 听治 | ＋ | ＋ | ＋ |
| 听朝 | ＋ | ＋ | ＋ |
| 洞听 |  | ＋ |  |
| 听许 |  | ＋ | ＋ |
| 听察 |  | ＋ | ＋ |
| 反听 |  | ＋ | ＋ |
| 听采 |  |  | ＋ |
| 恣听 |  |  | ＋ |
| 听使 |  |  | ＋ |
| 合计 | 18 | 18 | 18 |

## 2. 闻

| 组合 | 先秦 | 汉代 | 魏晋 |
|---|---|---|---|
| 闻见 | ＋ | ＋ | ＋ |
| 相闻 | ＋ | ＋ | ＋ |
| 闻义 | ＋ | ＋ | ＋ |
| 闻知 | ＋ | ＋ | ＋ |
| 闻命 | ＋ | ＋ | ＋ |
| 闻道 | ＋ | ＋ | ＋ |
| 闻令 | ＋ | ＋ |  |
| 发闻 | ＋ | ＋ | ＋ |
| 流闻 |  | ＋ | ＋ |

160

| 组合 | 先秦 | 汉代 | 魏晋 |
|------|------|------|------|
| 布闻 | | + | |
| 闻教 | | + | |
| 闻善 | | + | + |
| 著闻 | | + | + |
| 传闻 | | + | |
| 闻问 | | | + |
| 表闻 | | | + |
| 陈闻 | | | + |
| 见闻 | | | + |
| 素闻 | | | + |
| 宿闻 | | | + |
| 合计 | 8 | 14 | 16 |

**3. 聆**

"聆"只在汉代出现一个组合"聆听",我们不再分析。

**4. 小　结**

听觉动词语义场的两个核心动词"听"和"闻"在先秦时期已经表现出了较强的组合能力。"听"在先秦和汉代、魏晋时期的组合能力基本相当,"闻"的组合能力在汉代以后有所加强。

# 第三节　竺法护译经与魏晋中土文献中听觉动词语义场比较研究

我们将竺法护译经听觉动词语义场与同时期中土文献中的听觉动词语义场进行比较研究,希望能够帮助我们了解它们各自的特点。

## 一、语义场构成及义位分布

竺法护译经听觉动词语义场和同时期中土文献中的听觉动词语义场在成员构成上完全一致,都有三个成员:"听"、"闻"、"聆"。三个成员在各自语义场中的地位基本相同："闻"的使用频率最高,其次是"听","聆"最少。"听"表示"以耳受声"这一动作,带有主动性;"闻"除了表示"听"的动作外,还强调其结果"听见",带有被动性,如段注所讲的:"往曰听,来曰闻。"①"聆"除了表示"听"这一动作外,还带有"仔细听,仔细辨别"的意思,在我们所调查的魏晋时期的语料中这一隐含的义位逐渐显现出来,但在竺法护译经中由于用例较少(只有2例),我们还很难做出这一判断。

## 二、语义场中各成员组合情况比较分析

听觉动词语义场中的两个主要成员"听"和"闻"无论在佛经语料还是在中土文献中都表现出了相当强的组合能力。它们的区别体现在以下两个方面。

(一) 两种文献中听觉动词的组合不同之处在于,具体到某个义位,它们的组合能力体现出了差别。

1."听"的本义"以耳受声"这一义位在竺法护译经中表现出了较强的组合能力,在这一义位下有"听察"、"听省"、"洞听"、"听闻"、"闻听"和"彻听"几个组合。其他几个组合如"听纳"、"听禀"、"听采"、"听摄"和"听受",虽然我们也把它们归入"听从,接受"这一义位之下,但难以判断它们中的"听"是本义还是引申义,"听纳"可以理解为"听而纳之",也可以理解为"听从采纳",其他几个组合亦然。"听"在同时期中土文献中拥有较强的组合能力的是"听从,接受,服从"和"断决,治理"这两个义位。

2."闻"表示"听见"的这一义位在竺法护译经中的组合能力较强,如:"闻持"、"闻见"、"见闻"、"彻闻"、"得闻"、"逮闻"、"普闻"、"悉闻"、"闻察"、"闻受";"闻"在中土文献中表示"听见"和"听说,知道"这两个义位的组合能力相当,其他义位也体现出一定的组合能力,总体来说比较均衡。

(二) 两种文献中听觉动词与其他词语所构成的组合,其组合方式有不同。

竺法护译经中有一种表示连动的组合(前文我们已经讨论过),如:"听察"、"听省"、"听纳"、"听禀"、"听采"、"听摄"、"听受"、"听许"、"闻持"、"闻

---

① 参看段玉裁:《说文解字注》,上海:上海古籍出版社,1981年,第592页。

察"、"闻受",这种组合在我们调查的同时期的中土文献中不多,同时期中土文献中有"听许"、"听察"、"听采",其数量不及竺法护译经中的数量。这种组合表示一种"听(闻)而×之"的连续动作,不能理解为同义并列的构词方式,因此也很难找到其同素异序的形式。

　　产生上述两个区别的原因,我们认为主要与佛经语料本身及佛经的传布有关。佛经的传布,靠的是佛祖或僧人们的宣讲,而受众则聆听受教。这一现实反映到佛经文献中,就是"听察"、"听省"、"听纳"……"闻持"、"闻察"、"闻受"的对象多为佛祖的言说、佛教经典、佛经要义等等。先"听"或"闻",而后省察、觉悟、采纳、接受、持记等等。这也是竺法护译经中听觉类动词的本义产生较多组合的原因。同理,狱案断决、朝政治理本身是社会生活的重要组成部分,反映到中土文献的语言中,则产生了相关的一些组合,因此"听"的引申义位"断决,治理"的组合比较多,如:"听事"、"听罪"、"听断"、"听讼"、"听狱"、"听政"、"听决"、"听治"和"听朝"等。

# 第五章  竺法护译经其他感觉动词语义场研究

本章内容包括嗅觉动词语义场、味觉动词语义场和触觉动词语义场的研究。这三个语义场中的成员较少，我们将其合为一章进行研究。

## 第一节  竺法护译经嗅觉动词语义场研究

嗅觉动词就是表示"用鼻子辨别气味"的一类动词。这类动词从古到今没有发生太大的变化，整个语义场相对稳定。竺法护译经嗅觉动词语义场共有两个成员："嗅"和"闻"。

### 一、竺法护译经嗅觉动词语义场义位的分布描写

在竺法护译经中，属于嗅觉动词语义场的成员不仅数量少，只有"嗅"和"闻"，而且各自的使用频率也很低。如下表统计数据所示：

| 成　　员 | | 嗅 | 闻 |
|---|---|---|---|
| 用　　例 | | 33 | 22 |
| 万字使用率 | | 0.21 | 0.14 |
| 义位分布 | 用鼻子辨别气味 | ＋ | |
| | 嗅、嗅到 | | ＋ |

（一）嗅

"嗅"在竺法护译经中共33例，均表示其本义："用鼻子辨别气味"。如：

诸天大梵，所游宫殿，彼以鼻**嗅**，悉能知之，住已不住，皆能晓了。(《正法华经》卷八，09/121/a)

眼无所见，耳无所闻，鼻无**嗅**香，舌不在味，身不倚行，永消众识，意无所受，心无转移。(《密迹金刚力士会》卷一，11/46/a)

鼻无所受，不贪众香，而无放逸，是曰一心；鼻有所**嗅**，知其瑕秽，无益一切，损耗学心，是曰智慧。(《贤劫经》卷五，14/36/b)

《说文》中无"嗅"字，而有"臭"和"齅"。《说文·犬部》："臭，禽走臭而知其迹者，犬也。"(205下)王筠《说文释例》："禽走者，谓田猎所逐之禽已逃走也。""臭而知其迹者，谓犬臭地而知禽所往之地也。"[①]"臭"的本义是"用鼻子辨别气味"，引申出名词义，指气味。"齅"是"臭"的后起分化字。《说文·鼻部》："齅，以鼻就臭也。"(74下)后写作"嗅"，承担其本义。

**(二) 闻**

"闻"在竺法护译经中共22例。主要用于以下几个义位：

1. 嗅、嗅到。用于此义共16例。如：

是时众生皆蒙香熏香不离体，时诸天子还入宫殿不**闻**余香。(《佛说普曜经》卷七，03/524/c)

此诸杂香，其香实好，病者**闻**之如烧死人骨发毛爪皮肤脂髓粪除之臭也，又如枭鹫狐狸狗鼠蛇虺之臭也。(《修行道地经》卷一，15/184/c)

鼻不**闻**臭，口无恶味，身无虺坚，心无邪法。(《光赞经》卷二，08/160/c)

2. (气味)传播、传布。用于此义共9例。如：

导师处名香，其香**闻**三千，大千下方出，大莲花香净，乃彻至梵天。(《佛说普曜经》卷二，03/492/b)

加**闻**佛名不怀狐疑，寻时逮得无所从生，口气馥芬名香远**闻**，宣持佛名其功德如是，不可称量。(《佛说宝网经》卷一，14/81/b)

譬如曼陀勒华柔软妙好，其香周匝**闻**四十里，菩萨如是，以圣贤智发大慈悲，普遍众生令得安隐。(《佛说文殊师利现宝藏经》卷一，14/455/a)

---

① (清)王筠：《说文释例》，北京：中华书局，1985年。

3.感知。用于此义共 3 例：

犹如瓦石，不**闻**声香味，细滑亦不见，色及与五欲，无所识知。（《生经》卷二，03/83/a）

疾病卒至，伏之着床，不能动摇；身痛如搒，耳鼻口目，不**闻**声香。（《佛说四不可得经》卷一，17/706/c）

颜彩失色，不**闻**声香，唇断舌干，其貌如地。（《修行道地经》卷一，15/184/b）

以上各例中的"闻"不表示具体的听觉、嗅觉或者触觉，而是一种整体的感知。

（三）小　结

竺法护译经嗅觉动词语义场中的两个成员"嗅"和"闻"各有分工。"嗅"表示"用鼻子辨别气味"的动作，带有主动性；"闻"除了表示"嗅"的动作外，更强调动作的结果，同时带有被动的意思。此外，竺法护译经中的"闻"还表示一种整体的感知的意思。

## 二、嗅觉动词语义场成员的历时演变描写

（一）先秦时期

先秦时期，嗅觉动词语义场的格局已经形成，其成员包括："臭/齅/嗅"[①]和"闻"。

**1. 臭/嗅**

"臭/嗅"表示"用鼻子辨别气味"，在我们选定的先秦传世文献中共 6 例。如：

谓我敝邑，迩在晋国，譬诸草木，吾**臭**味也，而何敢差池？（《左传·襄公二十二年》，1974）

子路共之，三**嗅**而作。（《论语·乡党》，2496）

---

① "齅"、"嗅"为"臭"的后起字，我们把它们算作一个词。

咶其叶,则口烂而为伤;**嗅**之,则使人狂醒,三日而不已。(《庄子·人间世》,176)

彼**臭**之而无嗛于鼻,尝之而甘于口,食之而安于体,则莫不弃此而取彼矣。(《荀子·荣辱》,65)

**2. 闻**

"闻"表示"嗅、嗅到",在我们选定的语料中共 4 例。如:

郑袖曰:"其似恶**闻**君王之臭也。"(《战国策·楚策四》,868)

共王驾而自往,入其幄中,**闻**酒臭而还。(《韩非子·十过》,165)

王强问之,对曰:"顷尝言恶**闻**王臭。"(《韩非子·内储说下》,250)

## (二)两汉时期

**1. 嗅**

"嗅"在汉代又可写作"齅"形,在我们选定的语料中仅 1 例:

不绁圣人之罔,不**齅**骄君之饵,荡然肆志,谈者不得而名焉,故可贵也。(《汉书·叙传》,4205)

**2. 闻**

(1)嗅、嗅到。用于此义共 8 例,如:

今目见鼻**闻**,一过则已,忽亡辄去,何故恶之?(《论衡·四讳》,976)

又曰:"与善人居,如入兰芷之室,久而不**闻**其香,则与之化矣。与恶人居,如入鲍鱼之肆,久而不**闻**其臭,亦与之化矣。"(《说苑·杂言》,434)

(2)(气味)传播、传布。用于此义共 2 例:

既开傅太后棺,臭**闻**数里。(《汉书·外戚传》,4004)

曰:臭**闻**于天,多藏食物,腐朽猥发,人不能堪毒愤,而未为怪也。(《论衡·死伪》,907)

## (三)魏晋时期

**1. 嗅**

"嗅"在我们选定的魏晋时期的文献中仅有 3 例:

仕人曰:"潜退之士,得意山泽,不荷世贵,荡然纵肆,不为时用,**嗅**禄利诚为天下无益之物,何如?"(《抱朴子外篇·逸民》,90)

故晋太康中,陈留阮士瑀伤于虺,不忍其痛,数**嗅**其疮,已而双虺成于鼻中。(《搜神记》卷十二,147)

孙登见曰:"此病龙雨,安能苏禾稼乎? 如弗信,请**嗅**之。"(《搜神记》卷二十,237)

## 2. 闻

(1) 嗅、嗅到。用于此义共 7 例,如:

明将盥漱,**闻**水腥臭,侍者授衣,衣服亦臭。(《三国志·吴志·诸葛恪传》,1438)

计此女定是秦王子婴宫人,至成帝之世,二百许岁,乃将归,以谷食之,初**闻**谷臭呕吐,累日乃安。(《抱朴子内篇·仙药》,207)

头大如困,目如二尺镜,**闻**飧香气,先啖食之。(《搜神记》卷十九,231)

(2) (气味)传播、传布。用于此义共 2 例:

表及妻身形如生,芬香**闻**数里。(《三国志·魏志·刘表传》裴注引《世语》,216)

初,钩弋夫人有罪,以谴死。既殡,尸不臭,而香**闻**十余里。(《搜神记》卷一,15)

## (四) 小 结

从先秦到魏晋时期,嗅觉动词语义场中各成员用例及频率分布如下:

| 时代 | 嗅 | 闻 |
|---|---|---|
| 先秦 | 6(0.07) | 4(0.05) |
| 汉代 | 1(0.004) | 10(0.11) |
| 魏晋 | 3(0.02) | 9(0.06) |

从上表可以看出,从先秦到中古时期,嗅觉动词语义场中两个成员格局稳定,但是在使用频率方面发生了变化,"闻"的使用频率在中古时期远远超

过了"嗅"的使用频率,已经确立了其在该语义场中的核心地位。

从义位分布来看,先秦时期"嗅"和"闻"就已经有了明确的分工,"嗅"强调动作的本身,具有主动性,而"闻"强调动作的结果,带有被动性。而这两个词语构词能力都不强,都没有属于嗅觉类语义场的组合。

### 三、竺法护译经与魏晋中土文献中嗅觉动词语义场比较研究

竺法护译经与我们所调查的魏晋中土文献的嗅觉动词语义场的成员构成相同,都只有两个成员:"嗅"和"闻"。它们在两种语料中的用例及频率见下表:

| 成员 | 竺法护译经 | 魏晋中土文献 |
| --- | --- | --- |
| 嗅 | 33(0.21) | 3(0.02) |
| 闻 | 22(0.14) | 9(0.06) |

通过上表可以看出,竺法护译经中的嗅觉动词的使用频率远远超过了同时期的中土文献。在竺法护译经中嗅觉动词语义场中,"嗅"的使用频率高于"闻",但在同时期的中土文献中情况却正好相反,"闻"在中土文献中的使用频率,从先秦到魏晋时期,逐渐超过了"嗅"的使用频率。

从义位分布来看,竺法护译经和同时期中土文献中的"嗅"和"闻"基本相同。二者都表示对气味的感知,但语义侧重不同:"嗅"强调动作的本身,具有主动性,而"闻"强调动作的结果,带有被动性。正因为"闻"表示一种被动的感知,所以它还表示"(气味)传播、传布",这与听觉动词"闻"的义位分布相一致。从我们调查的语料来看,嗅觉动词"闻"表示"(气味)传播、传布"是从汉代开始的。"闻"和"嗅"的这一分工格局从先秦一直延续下来,直到宋代才有所改变。殷孟伦曾做过专门论述:"《韩非子·外储说左下》:'夫树橘柚者,食之则甘,嗅之则香。'又《十过篇》:'共王驾而自往,入其幄中,闻酒臭而还。'在同一书里,一处用'嗅',一处用'闻',可见'以鼻就臭'和由客体作用与主体的情况是不能等同的。'臭'(别作"嗅","齅")用以'以鼻就臭'和'闻'转用于由客体作用于主体的嗅觉义对比使用,从战国末期起,一直持续了很长时期;可以说在宋代末期,才一般用'闻'代替了'以鼻就臭'的'臭'的使用,于是成为现代汉语这一词义的来源。"①

---

① 参看殷孟伦:《"闻"的词义问题》,《中国语文》1962 年第 11 期。

"闻"在竺法护译经中有一种特殊的用法，即表示"感知"义，如：

疾病卒至，伏之着床，不能动摇；身痛如搒，耳鼻口目，不**闻**声香美味细滑。(《佛说四不可得经》卷一，17/706/c)

这不是佛经语料中所特有的用法，据王锁考证："'闻'也可表'见'义。南朝宋刘敬叔《异苑》卷六：'河内司马惟之奴天雄死后还，其妇来喜闻体有鞭痕而脚着锁。''闻'表'见'义显而易见。"[①]也就是说，"闻"除了表示具体的听觉和嗅觉外，还表示一种整体的感知。

从义位组合情况来看，"嗅"和"闻"无论在竺法护译经中还是在中土文献中的组合能力都不强。它们常与表示气味的词"香"、"臭"等搭配使用，但没有固定的组合形式。

# 第二节　竺法护译经味觉动词语义场研究

味觉是舌头接触液体或者溶解于液体的物质时所产生的一种感觉。汉语中表示味觉的动词有"味"、"尝"、"品"等。竺法护译经中的味觉动词语义场中有两个成员："尝"和"味"。

## 一、竺法护译经味觉动词语义场义位分布描写

在竺法护译经中，属于味觉动词语义场的成员不仅数量少，仅有"尝"和"味"两个，而且用例也少见。我们将它们的使用情况统计如下：

| 成　员 | | 尝 | 味 |
|---|---|---|---|
| 用　例 | | 6 | 3 |
| 万字使用率 | | 0.038 | 0.019 |
| 义位分布 | 辨别滋味 | + | + |
| | 曾经 | + | |

① 参看王锁：《试论"通感生义"——从"闻"字说起》，《语言教学与研究》1997 年第 4 期。

**(一)尝**

"尝"在竺法护译经中共有 63 个用例,但是用在味觉动词语义场中的只有 6 例,其余 57 例皆是副词"曾经"。用例如下:

1.辨别滋味。用于此义共 6 例,如:

见药嗅香,**尝**知其味,寻便服之,病即得愈,毒药消灭。(《正法华经》卷七,09/114/a)

五者不饮酒,不乐酒不**尝**酒,当安谛性,无卒暴无愚不定。(《郁迦罗越问菩萨行经》卷一,12/24/b)

诸法无见无有类故,诸法无有**尝**无有味故,诸法无柔无细滑故,诸法无识无诸法故。(《大哀经》卷七,13/441/c)

"尝"的本义即"辨别滋味"。《说文·旨部》:"尝,口味之也。"(101 下)《诗·小雅·甫田》:"田畯至喜,攘其左右,尝其旨否。"(475 中)《礼记·曲礼下》:"君有疾,饮药,臣先尝之。"(1266 上)。

**(二)味**

"味"在竺法护译经中表示"辨别滋味"这一义位共 3 例:

戒闻施香所见被熏,其味清净,**味**味复**味**成大人相,细滑清净,手脚柔软犹如幼童。(《大哀经》卷七,13/442/a)

鼻不向香,口不**味**味。(《阿差末菩萨经》卷四,13/596/c)

亦不有,亦不无,亦不**味**,亦不可味。(《等目菩萨所问三昧经》卷一,10/579/b)

前两例中"味味"连用,是"辨别滋味"的意思,第一个"味"是动词。"味"的本义是"滋味"。《说文·口部》:"滋味也。"(31 下)"味"是指物质使人的舌头或者鼻子得到某种味觉或嗅觉的特性,由此则引申出"辨别滋味"。如《淮南子·本经》:"及至建律历,别五色,异清浊,味甘苦,则朴散而为器矣。"(570)《列子·天瑞》:"有味者,有味味者。"(10)"味"还是一个佛教用语,为佛教"六尘"之一,《佛学大辞典》:"六尘,指色尘、声尘、香尘、味尘、触尘、法尘等六境。又作外尘、六贼。众生以六识缘六境而遍污六根,能昏昧真性,

故称为尘。此六尘在心之外,故称外尘。此六尘犹如盗贼,能劫夺一切之善法,故称六贼。"(1298)

（三）小　　结

竺法护译经味觉动词语义场共两个成员:"尝"和"味"。"尝"除表示其本义"辨别滋味"外,还大量用作副词,表"曾经";"味"除用作名词义外,还兼作动词,表示"辨别滋味"。

## 二、味觉动词语义场成员的历时研究

（一）先秦时期

先秦时期味觉动词语义场,在我们调查的语料中共有两个成员:"尝"和"味",都表示"辨别滋味"义。

**1.尝**

"尝"表示"辨别滋味"在先秦文献中共有 8 例,如:

君赐食,必正席先尝之。（《论语·乡党》,2495 下）

子公之食指动,以示子家,曰:"他日我如此,必尝异味。"（《左传·宣公四年》,1869 上）

进不敢为前,退不敢为后;食不敢先尝,必取其绪。（《庄子·山木》,680）

彼臭之而嗛于鼻,尝之而甘于口,食之而安于体,则莫不弃此而取彼矣。（《荀子·荣辱篇》,65）

固定的组合有"尝试"（17 例）、"未尝"（153 例）、"曷尝"（1 例）。"未尝"、"曷尝"在当时已经能够跟否定副词搭配构成双重否定,表示一种委婉的语气,即并非、没有,但均非味觉语义场的义位[①],如:

曷尝不法圣人哉!（《庄子·胠箧》,55）

---

①　为了理清该动词的语义发展脉络及组合情况,本书仍将这些非味觉动词语义场的词语纳入统计范畴,并在下文表格中对其用例中进行比较。

虽疏食菜羹,**未尝**不饱,盖不敢不饱也。(《孟子·万章下》,2742)

昔齐桓公九合诸侯,**未尝**不以周襄王之命。(《战国策·韩策三》,351)

**2. 味**

"味"在先秦文献中表示"辨别滋味"这一义位,共 2 例。通常作单音词使用,没有固定组合。

故行不知所往,处不知所持,食不知所**味**。(《庄子·知北游》,739)

黼衣、黻裳者不茹荤,非口不能**味**也,服使然也。(《荀子·哀公篇》,544)

**(二) 两汉时期**

**1. 尝**

"尝"在汉代文献中属于味觉类语义场的义位依然是"辨别滋味",共 40 例,如:

**尝**一脔肉而知一镬之味,悬羽与炭而知燥湿之气,以小见大,以近喻远。(《淮南子·说林》,1193)

医进药,太子勃不自**尝**药,又不宿留侍病。(《史记·五宗世家》,2102)

臣闻古之徙远方以实广虚也,相其阴阳之和,**尝**其水泉之味,……此民所以轻去故乡而劝之新邑也。(《汉书·晁错传》,2288)

**2. 味**

"味"在两汉时期的文献中可单独使用,表示"辨别滋味"义,有 3 例,如:

古人**味**而弗贪也,今人贪而弗味。(《淮南子·缪称》,746)

及至建律历,别五色,异清浊,**味**甘苦,则朴散而为器矣。何宁集释:"'味甘苦'谓究其甘苦,《后汉书·郎颢传》:'含味经籍。'"(《淮南子·本经》,570)

故使人**味**食然后食者,其得味也多,使人**味**言然后闻言者,其得言

也少。(《说苑·君道》,24—25)

"味"除了表示"辨别滋味"外,又引申出"品味,体会"义,如第三例,前一个"味"表示"辨别滋味",对象是"食",后一个"味"的对象则是"言",其义当为"体味,体会"。

(三)魏晋时期

**1. 尝**

在魏晋时期的文献中,"尝"属于味觉语义场的义位也仅有"辨别滋味",共 5 例,如:

事祖母以孝闻,其侍疾则泣涕侧息,日夜不解带,膳饮汤药,必自口尝。(《三国志·蜀志·杨戏传》裴注引《华阳国志》,1078)

权闻之,幸仪舍,求视蔬饭,亲尝之,对之叹息,即增俸赐,益田宅。(《三国志·吴志·是仪传》,1413)

**2. 味**

"味"属于味觉语义场的义位,在魏晋时期的文献中增加了抽象的"品味、体会"义,如:

(1)辨别滋味。用于此义共 2 例:

陟彼衡林,味其回芳。(《陆云集·赠郑曼季诗·高冈》,64)

郁秽气蒸,自生灾蠹。饕淫所阶,百疾所附。味之者口爽,服之者短祚。(《嵇康集·答难养生论》,184)

(2)品味、体会。用于此义共 6 例,如:

尚书清尚,敕行整身,抗志存义,味览典文,倚其高风,好侔古人。(《三国志·蜀志·杨戏传》,1082)

咏彼清声,被之瑟琴。味此殊响,慰之予心。(《陆云集·答兄平原》,49)

其组合情况也有了新的发展,主要表现为"味道"和"耽味"二词。味道,即体味道的哲理,体察道理,共 8 例,如:

有吕子者,精义味道,研核是非,以为人有胆可乐明,有明便有胆

矣。(《嵇康集》卷六,248)

苟有卓然不群之士,不出户庭,潜志**味**道,诚宜优访,以兴谦退也。(《抱朴子外篇·逸民》,82)

耽味,即深切体味,共2例,如:

王研精坟典,耽**味**道真,文雅焕炳,朕甚嘉之。(《三国志·魏志·中山王衮传》,583)

云再拜:"兄前表甚有深情远旨,可耽**味**,高文也。"(《陆云集·与兄平原书》,146)

### (四) 小　结

味觉动词语义场中两个成员"尝"和"味",从先秦到魏晋时期保持了相对稳定的格局。它们作动词时都表示"辨别滋味",但正所谓"析言则异,浑言则同",二者还是存在细微的差别。首先,表现在意义上,与"尝"相比,"味"含有"仔细辨别、体味"的隐性义素,所以它可以引申出"体会、体味"这一义位,其义域范围也由具体的可以入口的"食物、药物、水"等扩展至"言论、文章、音乐、道理"等等;"尝"没有这一隐性义素,它更强调"辨别滋味"这一动作本身,由此引申出"尝试","经历、身受"等义位,并最终虚化成一个副词,表示"曾经",这个义位在先秦时就已出现。需要指出的是,"尝"在虚化为副词后,其用例大大超过了作动词的用例。其次,表现在组合能力上,"尝"的组合能力较强,"味"多单用。

## 三、竺法护译经与魏晋中土文献味觉动词语义场比较研究

### (一) 义位分布及使用频率比较研究

竺法护译经与我们调查的魏晋中土文献中的味觉动词语义场的成员相同,都只有两个成员:"尝"和"味"。它们在两种语料中的义位分布及使用频率见下表:

| 成员及义位分布 | | 竺法护译经 | 魏晋中土文献 |
|---|---|---|---|
| 尝 | 辨别滋味 | 6(0.038) | 5(0.031) |
| | 经历、经受 | 0 | 1(0.006) |
| | 试探 | 0 | 9(0.056) |
| | 曾经 | 57(0.356) | 592(3.7) |
| 味 | 辨别滋味 | 3(0.019) | 2(0.013) |
| | 品味、体会 | 0 | 6(0.038) |

从上表可以看出,"尝"和"味"在魏晋中土文献中的义位分布比在竺法护译经中的分布要广。就其核心义位"辨别滋味"而言,竺法护译经中的使用频率略高于魏晋时期的中土文献。

## (二) 义位组合能力比较研究

| 成员及义位分布 | | 竺法护译经 | 魏晋中土文献 |
|---|---|---|---|
| 尝 | 尝试 | | + |
| | 未尝 | + | + |
| | 曷尝 | | + |
| | 何尝 | | + |
| 味 | 味道 | | + |
| | 耽味 | | + |

从组合关系上来看,味觉动词语义场中的两个成员"尝"和"味"在表示核心义位"辨别滋味"时,多以单音词方式出现。"尝"的义位组合能力主要体现在"试探"、"曾经"这两个义位上,"味"的组合能力主要体现在"品味,体会"这一义位上,这一点在竺法护译经和魏晋中土文献中都是一致的。

从组合能力上来看,"尝"和"味"在魏晋中土文献中的组合能力远高于译经中的使用。两词在竺法护译经和魏晋中土文献中重叠的组合只有"未尝"一词,但用法却不一样。"未尝"在竺法护译经中常与动词搭配使用,表示"不曾",未发现与否定副词搭配使用构成双重否定的用例;而在中土文献中,"未尝"在先秦时期就已经可以和否定副词搭配使用,构成双重否定,从而表示一种委婉的语气。

# 第三节　竺法护译经触觉动词语义场研究

触觉是皮肤感觉的一种,其他还有冷觉、温觉和痛觉。[①] 因为我们研究的对象是感觉动词,我们能够确定的皮肤感觉动词只有触觉动词。对于触觉动词的界定,我们认为,人体主动发出的某个动作,如果能够使人产生触觉,那么用以表达这个动作的词语,就是触觉动词。

## 一、竺法护译经触觉动词语义场义位分布描写

竺法护译经中的触觉动词只有一个:"触",共 4 例:

> 王女见来,以手擎之,坐着座上,适以手擎,**触**体柔软,即起欲意。(《生经》卷五,03/105/b)

> 处于中止而有三食:一曰**触**软,二曰心食,三曰意识。(《修行道地经》卷一,15/186/b)

> 设吾火烧卿不能忍,火之毒痛自**触**其身更甚于前。(《修行道地经》卷六,15/221/a)

> 耳声识界亦复如是,鼻香识、舌味识、身**触**识、意法识,计挍思惟观无所成。(《持人菩萨经》卷二,14/631/a)

"触"的本义是"用角顶物"。《说文·角部》:"触,抵也。"(94 上)后引申为"碰、撞","接触","触动、引起"等义。"触"还是一个佛教用语,《佛学大辞典》:"触:(术语)五境之一,身根所触有坚湿暖动等十一种。俱舍论一曰:'触者有十一:谓四大种、滑性、涩性、重性、轻性及冷、饥、渴。'【又】心所法之一。俱舍之十大地法,唯识之五遍行摄之。彼属于五境者,为所触之色法,而此为能触之心法也。使根境识三者和合之心作用也。俱舍论四曰:'触者,谓根境识和合生,能有触对。'大乘义章二曰:'令根尘识和合名触。'十二支中之触支是也。【又】不净为触。增韵曰:'触污也。'盖触于不净物而自为不净者,是云触秽。"此外,"触"还是佛教"六尘"(色尘、声尘、香尘、味尘、触尘、法尘)之一。

---

[①]　参看彭聃龄:《普通心理学》(修订版),北京:北京师范大学出版社,2008 年,第 112—115 页。

此外,竺法护译经中还有"扪摸"一词,如:

从地举手,**扪摸**日月,化大其身,至于梵天。(《生经》卷二,03/81/c)

大尊自在,分一为万,万还合一,能**扪摸**日月,身至梵天。(《生经》卷二,03/82/a)

游行四域,消除闇冥,以手**扪摸**日月宫殿,其身远超,上至梵天。(《渐备一切智德经》卷二,10/469/c)

这里的"扪摸"不能看作是触觉动词,"扪摸"的动作并非为了获得触觉,而是一种夸张说法,极言身体高大。

## 二、魏晋中土文献触觉动词语义场研究

魏晋中土文献中的触觉动词我们发现有两个:"扪"和"摸",共 4 例:

故甘陵相夫人有娠六月,腹痛不安,佗视脉,曰:"胎已死矣。"使人手**摸**知所在,在左则男,在右则女。(《三国志·魏志·华佗传》,799)

因起自往,手**扪摸**之,壁自如故。还床复见,心大怖恐。(《搜神记》卷三,31)

汉和熹邓皇后,尝梦登梯以**扪**天,体荡荡正清滑,有若钟乳状。(《搜神记》卷十,122)

文合卒已再宿,停丧将殓,视其面有色,**扪**心下稍温,少顷却苏。(《搜神记》卷十五,180)

"扪"本义为抚持。《说文·手部》:"扪,抚持也。"(252 上)《诗·大雅·抑》:"莫扪朕舌,言不可逝矣。"毛传:"扪,持也。"(555 中)引申出抚摸义。如《东观汉记·和熹邓皇后传》:"(后)尝梦扪天体,荡荡正青滑,有若钟乳。"(204)[1]"摸"本义为用手接触或轻轻摩挲。《广雅·释言》"摸,抚也。"(150下)《齐民要术》卷七《涂瓮》:"掘地为小圆坑,生炭火于坑中,合瓮口于坑上而熏之,数数以手摸之。"(477)[2]由此可见,"扪"和"摸"是我们感知外部世

---

[1]  (东汉)刘珍等著,吴树平校注:《东观汉记校注》,北京:中华书局,2008 年。

[2]  (后魏)贾思勰著,缪启愉校释:《齐民要术校释》(第二版),北京:中国农业出版社,1998 年。

界的方式之一。

通过上述研究我们发现,触觉动词语义场中的三个成员"触"、"扣"和"摸"在选定的先秦及汉代语料中没有作为触觉动词的用例,即动作之后没有明显地表明是否获得触觉,所以我们很难判断其是否为触觉动词。但这并不能说明先秦或者汉代没有表示触觉的动词,只是它们不像视觉动词、听觉动词那样容易确定。因而我们也难以进行历时考察。

### 三、触觉动词语义场词义演变的认知分析

人类在认知和经验外界事物和内部感受的过程中,必然通过感觉器官对认知对象进行感知,而感知过程必然要受到感知对象的属性的影响,也受感知的视角、认知主体的情感等因素的影响。而且每一事物都是多维的,在不同的认知域中可能会表现出不同的属性,而人的认知往往更多地注意到其最突显的、最容易理解和记忆的属性,即突显属性。认知语义学研究认为,意义的产生是在语境下说话者与听话者对话语的即时理解,说话者在不同的语境中运用同一个词语,听话者即需要转换不同的认知框架来理解这一词语。非心理域动词如果被运用于心理域,即意味着这一词语有能力对要表达的心理活动进行描述和解释。听话者必须重新构建知识背景从而达到对词语新义的推理和把握。上文中我们考察的"触"、"扣"、"摸"这三个动词,它们有一个共同的演变趋势,就是由外部感觉动词向表示心理感觉、心理活动的动词演变。如,"触"在物理域,指用角顶物,那么当说话人把这一词语运用到心理域时,听话人必须激活心理域的相关知识,心理域反映人的认识、想法和评价,因此以人的想法为一方,以需要保存的事情为另一方,"触"将两者联系起来,从而产生心理上的"触动、感触"义。

诚然,这种认知域和知识框架的转换不是随意的,而是以人的体验性为基础的。人类心智的体验性观点认为,我们的范畴、概念和推理并不是外部现实客观地、镜像式地反映,而由我们的身体经验,特别是我们的感觉运动系统所形成的。因而,我们形成概念、范畴的过程,进行推理的过程,都依赖于我们对空间关系、具体事物的把握,离开了这些基础,人类就无法实现认知。"触"是物理空间中两事物之间的作用形式,这种具体经验被应用于抽象思维中就导致词义发生变化。

认知域和知识框架的转换是以隐喻、转喻模式来实现的。隐喻以源域与目标域的相似性为基础进行投射,转喻则是在认知域中突显性特征代表了整个认知域的操作形式。这些相似性、突显性不是人们随意选择的,而是一定的言语群体以体验性为基础得到的。人们首先对"触"在物理空间中的两事物之间的关系有了认识,据此,把这两事物之间的结构关系投射在了心理域,表达人的心理想法与事实之间的牵连关系。当然,这种相似性的关联,并不是现实存在的,而是我们运用想象对世界作出的一种解释,使之成为一种"心理现实"。

以下我们分析"触"、"扪"、"摸"的词义演变过程。

(一) 触

"触"本义是"用角顶物"。《说文·角部》:"触,抵也。"《玉篇·角部》:"触,抵也。"《墨子·明鬼下》:"羊起而触之,折其脚。"(233)后引申出"撞、碰"义。如《左传·宣公二年》:"(钼麑)触槐而死。"(1867 上)由此进一步引申,则表身体接触义。如《庄子·养生主》:"手之所触,肩之所倚,足之所履,膝之所踦。"(117)《博物志》卷三:"常山之蛇名率然,有两头,触其一头,头至;触其中,则两头俱至。"(38)意义进一步抽象化,引申出"遇到、遭受"义。如《新语·辅政》:"故干圣王者诛,遏贤君者刑。遭凡王者贵,触乱世者荣。"王利器校注:"触,值也。"(55)[1]《论衡·吉验》:"舜得下廪,不被火灾,穿井旁出,不触土害。"(85)再进一步抽象化,引申到心理上的触动、感触。如《白虎通·五行》:"木在东方,东方者,阴阳气始动,万物始生。木之为言触也,阳气动跃。"(167)《文心雕龙·章句》:"妙才激扬,虽触思利贞,曷若折之中和,庶保无咎。"(571)[2]

(二) 扪

"扪"本义为执持义(例见上文),引申出抚摸义(例见上文),也常见"扪心"连文,如《三国志·魏志·李平传》:"含言未吐,遂至今日,幽泉已闭,垄

---

① (西汉)陆贾著,王利器校注:《新语校注》,北京:中华书局,1986 年。
② (南朝·梁)刘勰著,范文澜注:《文心雕龙注》,北京:人民文学出版社,1962 年。

树成行,内手扪心,顾怀愧慨。"(1455)"扪"由"扪摸(具体实物)"向"扪心"发展,"扪心"已不是为了获得一种触觉,而是"反省"。

## （三）摸

"摸"本义为用手接触或抚摩。《广雅·释言》:"摸,抚也。"王念孙《广雅疏证》:"《方言》:'摸,抚也。'郭璞注云:'谓抚循也。'"《风俗通义·怪神·世间人家多有见赤白光为变怪者》:"夜半后,见东壁正白,如开门明……因起自往手扰摸之,壁自如故。"(441)《三国志·魏志·华佗传》:"故甘陵相夫人有娠六月,腹痛不安,佗视脉,曰:'胎已死矣。'使人摸知所在,在左则男,在右则女。人云'在左',于是为汤下之,果下男形,即愈。"(799)引申有"探求、获取、了解"义,可表示心理活动。《五灯会元·大阳玄禅师法嗣·白马归喜禅师》:"师曰:'半句也摸不着?'"(879)[1]《红楼梦》第一一九回:"可不是,亏得姥姥这样一办,不然姑娘也摸不着那好时候。"(1632)[2]

总之,我们需要说明的是,动词由非心理域到心理域的演变过程,是人类认知能力的表现。我们对语言进行研究可以获知语言是如何构建和理解心理域的,这种构建有些具有该语言认知基础的特点,有些则能够反映出人类的共性。

---

①　(宋)普济著,苏渊雷点校:《五灯会元》,北京:中华书局,1984 年。

②　(清)曹雪芹著:《红楼梦》,北京:人民文学出版社,1982 年。

# 第六章　结　语

## 第一节　各感觉动词语义场成员的历时演变情况

### 一、语义场成员义位的历时分布情况

下表以各感觉动词语义场为单位,列出各成员在语义场中所具有的义位及其发展演变情况,其中魏晋时期分为"译经文献"和"中土文献"两部分,"译经"指本书所选的竺法护译经文献。

（一）视觉动词语义场成员义位的历时分布

| 成员/义位/时代 | | 先秦 | 两汉 | 魏晋 | |
| --- | --- | --- | --- | --- | --- |
| | | | | 译经 | 中土 |
| 看 | 看、用视线接触人或事物 | | | + | + |
| | 观赏、欣赏 | | | + | + |
| | 观察、考察 | | | | + |
| | 窥伺 | | | | + |
| | 诊视疾病 | | | | + |
| | 阅读 | | | | + |
| | 看护、照料 | | | | + |
| | 探望 | + | | | |

续　表

| 成员/义位/时代 | | 先秦 | 两汉 | 魏晋 | |
|---|---|---|---|---|---|
| | | | | 译经 | 中土 |
| 视 | 看、用视线接触人或事物 | + | + | + | + |
| | 观察、审查 | + | + | | + |
| | 探望 | + | + | | + |
| | 看待、对待 | + | + | + | + |
| | 看病、诊视疾病 | + | | + | |
| | 监视、督查 | | + | | + |
| | 照料、看护 | | | + | |
| | 计量、考虑 | | | + | |
| 见 | 看见、看到 | + | + | + | + |
| | 谒见、拜见 | + | + | + | + |
| | 见面、会见 | + | + | | |
| | 接见 | | + | | + |
| 观 | 看、观看、观览 | + | + | + | + |
| | 仔细看、观察、察看 | + | + | + | + |
| | 游览 | + | + | | + |
| | 玩赏 | + | | | |
| | 照料、看护 | | | + | |
| 睹 | 看见 | + | + | + | + |
| | 观察、察看 | + | + | + | |
| | 显示、暴露 | + | | + | |
| | 通晓 | | | + | |
| | 预见、了解 | + | + | | + |
| | 探望 | + | | | |
| 顾 | 回头看 | + | + | + | + |
| | 看 | + | + | + | + |
| | 探望、访问 | + | + | | + |
| | 反省 | | | + | |
| | 顾惜、眷恋 | | | + | |
| | 照顾、照料 | | | + | |

续 表

| 成员/义位/时代 | | 先秦 | 两汉 | 魏晋 | |
|---|---|---|---|---|---|
| | | | | 译经 | 中土 |
| 觐 | 朝见帝王 | + | + | | + |
| | 看见 | | | + | |
| | 会见、拜见 | + | | + | + |
| 窥 | 偷看 | + | + | + | + |
| | 观看 | + | + | | + |
| | 看透、觉察 | | + | | |
| | 伺机图谋、觊觎 | + | + | | + |
| 览 | 观看、考察 | + | + | + | + |
| | 阅读 | + | + | | |
| | 登高远眺 | | + | | + |
| 临 | 由上视下 | + | + | + | + |
| | 监视、监临 | + | + | + | + |
| | 照耀 | | | + | |
| | 靠近 | | | + | |
| | 莅临、从上面到下面 | | | + | |
| 眄 | 斜视 | + | + | | + |
| | 看、望 | | + | + | + |
| | 看见 | | | + | |
| 睥 | 斜视 | | | + | |
| 睨 | 视 | + | + | | |
| | 斜视 | + | + | + | + |
| | 窥伺 | | | | + |
| 省 | 视察、察看、仔细看 | + | + | + | + |
| | 看、观看 | | | + | + |
| | 反省 | | | + | |
| | 知晓、懂得 | | | + | |
| | 探望、问候 | | | + | + |

| 成员/义位/时代 | | 先秦 | 两汉 | 魏晋 | |
|---|---|---|---|---|---|
| | | | | 译经 | 中土 |
| 望 | 远视、遥望 | + | + | + | + |
| | 瞻视、景仰 | + | | | |
| | 观察、察看 | + | + | | |
| 相 | 看、观察 | + | + | | + |
| | 相面 | | | + | |
| 眴 | 看 | | | + | |
| | 眨眼 | | + | + | |
| | 目转动示意 | | + | | |
| 瞻 | 看、望 | + | + | + | + |
| | 仰视、敬视 | + | + | + | + |
| | 仔细看、观察、察看 | | + | + | + |
| | 视、犹照看、照办 | + | | | |
| | 看病 | | | + | |

## （二）听觉动词语义场成员义位的历时分布

| 成员/义位/时代 | | 先秦 | 两汉 | 魏晋 | |
|---|---|---|---|---|---|
| | | | | 译经 | 中土 |
| 听 | 以耳受声 | + | + | + | + |
| | 听从、接受 | + | + | + | + |
| | 断决、治理 | + | + | | + |
| | 考察 | + | + | | + |
| | 听凭、任凭 | + | + | + | + |
| 闻 | 听见 | + | + | | + |
| | 听说、知道 | + | + | | + |
| | 接受 | + | + | | + |

续　表

| 成员/义位/时代 | | 先秦 | 两汉 | 魏晋 | |
|---|---|---|---|---|---|
| | | | | 译经 | 中土 |
| 闻 | 传布、传扬 | ＋ | ＋ | ＋ | ＋ |
| | 闻名、着称 | ＋ | ＋ | | ＋ |
| | 使君主知道、向君主报告 | ＋ | ＋ | | ＋ |
| 聆 | 以耳受声、听 | | ＋ | ＋ | ＋ |

## （三）嗅觉动词语义场成员义位的历时分布

| 成员/义位/时代 | | 先秦 | 两汉 | 魏晋 | |
|---|---|---|---|---|---|
| | | | | 译经 | 中土 |
| 臭/嗅/齅 | 用鼻子辨别气味 | ＋ | ＋ | ＋ | ＋ |
| 闻 | 嗅、嗅到 | ＋ | ＋ | ＋ | ＋ |
| | （气味）传播、传布 | | ＋ | ＋ | ＋ |
| | 感知 | | | ＋ | |

## （四）味觉动词语义场成员义位的历时分布

| 成员/义位/时代 | | 先秦 | 两汉 | 魏晋 | |
|---|---|---|---|---|---|
| | | | | 译经 | 中土 |
| 尝 | 辨别滋味 | ＋ | ＋ | ＋ | ＋ |
| | 经历、经受 | ＋ | . | | ＋ |
| | 试探 | ＋ | ＋ | | ＋ |
| | 曾经 | ＋ | ＋ | | ＋ |
| 味 | 辨别滋味 | ＋ | ＋ | ＋ | ＋ |
| | 品味、体会 | | ＋ | | ＋ |

## （五）触觉动词语义场成员义位的历时分布

| 成员/义位/时代 | | 先秦 | 两汉 | 魏晋 | |
|---|---|---|---|---|---|
| | | | | 译经 | 中土 |
| 触 | 碰、接触 | ?① | ? | ＋ | |
| 扪 | 用手抚摸 | ? | ? | | ＋ |
| 摸 | 用手抚摸 | ? | ? | | ＋ |

通过以上各表可见，绝大多数成员在语义场中都具有不止一个义位，这些义位的不同历时演变历程构成了整个感觉动词语义场错综复杂的词汇面貌。

## 二、各感觉动词语义场成员使用频率统计表

下表列出各感觉动词语义场成员历代使用频率的变化情况，同一语义场内的成员按使用频率由高到低的顺序排列。

**感觉动词语义场成员历代使用频率统计表**

| 时期 / 语义场 | 先秦 | 两汉 | 魏晋 | |
|---|---|---|---|---|
| | | | 译经 | 中土 |
| 视觉动词语义场② | 见＞观＞视＞望 | 见＞观＞视＞览 | 见＞观＞睹＞视 | 见＞观＞视＞望 |
| 听觉动词语义场 | 闻＞听 | 闻＞听＞聆 | 闻＞听＞聆 | 闻＞听＞聆 |
| 嗅觉动词语义场 | 嗅③＞闻 | 闻＞嗅 | 嗅＞闻 | 闻＞嗅 |
| 味觉动词语义场 | 尝＞味 | 尝＞味 | 尝＞味 | 尝＞味 |
| 触觉动词语义场 | ? | ? | 触 | 触＞扪＞摸 |

由上表可知，视觉动词语义场成员使用频率的变化最为明显，其次是嗅觉动词语义场。相比较而言，听觉和味觉动词语义场成员的使用频率变化要小一些。

---

① "?"表示情况不明。
② 其中视觉动词语义场由于成员众多，只选取出现频率最高的前四个。
③ "嗅"在文献中还有"臭"、"齅"等不同书写形体。

# 第二节　感觉动词语义场演变的特点和原因

## 一、感觉动词语义场历时演变的特点

### （一）发展的稳定性

汉语词汇的历史继承性很强。虽然从古到今语义场内不少成员发生了变化，有不少成员意义发生演变，不少概念也更换了名称，但消失或被替换的成员往往作为构词语素保留下来，维持着汉语词汇的稳定性。特别是语义场中的核心成员往往更稳定，不容易从语义场中退出，如视觉动词语义场的"见"、听觉动词语义场的"闻"以及味觉动词语义场的"尝"，从先秦至魏晋都是本语义场的核心成员，使用频率也最高。

### （二）内部的不平衡性

我们在研究时发现，感觉动词语义场内部各子语义场之间体现出一种不平衡性。

首先表现在各子场所包含的单音词数量上的不平衡性。感觉动词语义场共有五个子语义场：视觉动词语义场、听觉动词语义场、嗅觉动词语义场、味觉动词语义场、触觉动词语义场，在这五个子场中，视觉动词语义场的成员数目超过了其他几个子语义场成员数的总和。这一点可以从心理学的角度进行解释。心理学研究指出："视觉（vision）是人类最重要的一种感觉。它主要由光刺激作用于人眼所产生。在人类获得的外界信息中，80％来自视觉。"①也就是说，视觉是人类感知外界的最主要方式，作为一种远距离的感知方式，它获得的信息量最大，使用也最频繁。这一客观现实反映到语言中，我们就不难理解为什么视觉动词占据了整个感觉动词总量的一半以上了。除了表示一般的"观看"以外，还有"向上看"、"向下看"、"仔细看"等等

---

① 参看彭聃龄：《普通心理学》（修订版），北京：北京师范大学出版社，2008 年，第84 页。

各种方式的"看",这都是人们感知客观世界获得信息的方式。同样的道理,我们也不难理解《诗经》中为什么会有23种不同毛色的马①,因为它所反映的是当时畜牧社会中重视牲畜的社会现实。

其次,各子场内单音词的组合能力也具有不平衡性。视觉动词语义场和听觉动词语义场里单音词组合能力要高于其他三个子场,其组合能力基本上与它们的单音词的使用频率成正比。但就某一个子场而言,其内部动词的组合能力也是不一样的,那些义素较少的单音词往往比较自由,体现出较强的组合能力。例如视觉动词语义场中,其核心动词"视"只包含一个义素"[+用视线接触人或物]",它可以与"瞻"、"见"、"顾"、"观"、"看"、"省"、"望"等自由组合,而其他几个单音词就没那么自由了;听觉动词语义场也是这种情况,在同一时期内,"听"的组合能力要高于"闻"。

(三)演变动态的一致性

词汇是语言中最活跃的因素,它对客观世界的发展变化反应最为敏感,因而发展变化也最快。长期以来,词汇的发展给人的感觉是零散而缺乏系统,我们之所以把常用词的发展演变纳入语义场中进行研究,主要是希望能够在语义场这个词与词之间具有有机联系的体系内发现一些带有共性的东西。

首先它们的词汇结构都沿着双音化的轨迹发展演变。

程湘清指出:"汉语词汇从以单音词为主,过渡到以双音词为主,是汉语发展史上的一大变化。……事实表明,在距今两千多年的先秦两周时代,这一变化就已经开始了。"②我们对感觉动词语义场的历时研究也印证了这一点。许多单音词在先秦时期就已经开始与其他单音词开始组合,形成双音节结构。这些双音节结构有些已经凝固成双音词,有些只是词组,有些甚至只是临时组合,但它们毕竟都为词汇的双音化奠定了基础。

其次,它们的语义演变都表现出了从外到内的转化。

我们所说的感觉动词主要是外部感觉,视觉、听觉、嗅觉、味觉、触觉。

① 参看徐朝华:《上古汉语词汇史》,北京:商务印书馆,2003年,第46页。
② 参看程湘清:《先秦双音词研究》,载《汉语史专书复音词研究》(增订本),北京:商务印书馆,2008年,第24页。

它们都是人的某一器官在与外界接触中获得一定刺激,然后将刺激通过神经系统传递给人的大脑,大脑的某些特定区域对这些刺激进行分析判断,然后做出进一步的反应。我们在考察各子语义场成员发展演变的时候发现,各子场中的核心动词的演变轨迹呈现一致性,即由外部感觉动词向内部带有心理分析、判断性质的动词发展,我们简单称之为从外到内的转化。

视觉动词语义场中的"看"在中古时期用例逐渐增多,最终发展成为该子场中的核心动词。我们发现"看"的最初用例是表示"探望"义,到魏晋时期就已经有了"观察、估量"和"看病、诊视"等意思,这两个义位,已经带有大脑对所看到事物的分析和判断的思维活动了。到了现代汉语,"看"则完全成为一个表示心理活动的动词了,如"你看怎么办?"这里的"看"就是"认为"的意思,已经完全"主观化"了。① "视"在先秦便有了"看待,对待"义,也带有一种主观认知义。

听觉动词语义场中,"听"有"听从,接受"义,有"允许,答应"义,"闻"有"接受"义,这些义位都已不仅仅局限于外部的感觉,而是带有内部的心理分析和判断的意味。

嗅觉动词语义场中的"嗅"发展到现代汉语,也不仅仅用来表示味觉,还表示对事实的一种抽象判断、感知,通常指"敏锐的感觉",如:

> 家门开了,他看见了那个矮子。他愣了一愣。笑意与亮光马上由他的脸上消逝,他嗅到了危险。(老舍《四世同堂》四六)

味觉动词语义场中的"味"在中古时期便有了"品味、体会"义,已经不再是用舌头辨别味道,而是用大脑进行分析、评价;"尝"在先秦便有了"经历,身受,尝受"义,如:

> 晋侯在外十九年矣,而果得晋国,险阻艰难,备尝之矣!(《左传·僖公二十八年》,1824 下)

这里"尝"的对象不是某种滋味,而是"险阻艰难",本身包含着一种主观的感受、认识在里面。

---

① 参看曾立英:《"我看"与"你看"的主观化》,《汉语学习》2005 年第 4 期。

触觉动词语义场中的"触",有"触动、引起"义,如"触怒"、"触情"、"触感"、"触兴"等组合,都表示人的内心情感的触动、变化,也不再是外部的感觉。

## 二、感觉动词语义场历时演变的原因分析

### (一)内部原因

感觉动词语义场在发展演变的过程中,受到了多方面的影响,主要表现为:

#### 1.语义系统的影响

不少语言学家都提到过,语义系统存在一种自我调节机制,当内部失去平衡时,其自身会通过语义的分化而求得系统内新的平衡。语义场内,若某个成员承当了过多的义位,其表义的明晰性、精确性就会大大下降,这就可能导致以下两种后果:

(1)形成复合词。这样的例子在汉语词汇发展史上比比皆是,其中既有同一语义场内部不同成员间的同义组合(如视觉动词语义场的"睥睨",听觉动词语义场的"听闻/闻听",触觉动词语义场的"扪摸"等),也有不同语义场成员之间的类义组合(如"见闻/闻见"、"见听"等)。从单音词到复音词的演变是汉语古今语义场最明显、重要的变化之一。

(2)某一个或一些义位逐渐由另外一个或一些词来分担。这种现象在汉语词汇发展史上也很常见。如听觉动词语义场中,"听"的"考察"、"治理"义以及"闻"的"传布"、"接受"义发展到现代汉语中都逐渐消失,转移给了另外的一些词来分担。

#### 2.语言的歧义避免机制

当语义场中的某一成员同时拥有多个意义相近而又容易在交际中造成混淆的义位时,为避免歧义,语言社团往往会逐渐舍弃一些义位而保留一个与所表达意义关系最密切的义位。如视觉动词语义场中,"顾"同时具有"看"的上位义和"回头看"的下位义,为使表义清晰,后代逐渐舍弃"看"的上位义而更多地用于"回头看"的下位义,并由"回头"的具体动作引申出"顾惜、眷恋","爱惜"等不属于视觉类动词语义场的用法。

### 3. 词义虚化的影响

在感觉动词语义场发展演变的过程中,一些语义场成员的词义出现了虚化,并最终退出该语义场。如视觉动词语义场中,"视"由"用视线接触人或事物"逐渐引申出"计量、考虑"义,"睹"由"看"慢慢引申出"预见"义。听觉动词语义场中,"听"由"以耳受声"逐渐引申出"听凭、任凭"义。发展到后代,这些虚化的义位都逐渐退出原来的感觉动词语义场。

### (二)外部原因

感觉动词语义场在发展的过程中,除了受到来自内部的影响外,还有一些外部原因,主要包括人的主观认知以及社会因素。

### 1. 主观方面:认知因素的影响

正如李宗江所言,"认知因素对语言词汇演变的影响是多方面的,实际上词义的发展变化,根本原因是认知的原因"①。人们对世界万物进行分类,进而形成概念的过程和能力,认知研究中称为"范畴化"。语言形式意义形成以及人们对它的认识正是人们对所处的世界进行范畴化的结果。

因此,语义场中有些成员的消亡是人类范畴化能力发展的结果。如视觉动词语义场中,"仔细看(睹、观、省)"、"回头看(顾)"、"向上看(瞻)"、"向下看(临)"、"远看(望)"、"斜视(眄、睥、睨)"、"偷看(窥)"、"拜见(见、觐)"、"相面(相)"、"看病(视、瞻)"、"看护(视)"等概念都有相应的单音词。发展到现代汉语,人们在基本概念中舍弃了部分词所包含的事物的非本质属性,表现在语言中就是用代表复合概念的复音词或短语来表示这些具有行为方式差异的动作,原有的成员就逐渐消失了。

### 2. 客观方面:社会因素的影响

社会因素对词汇发展的影响也是多方面的。最明显的表现是,语言是一种上层建筑,它必定要和社会的发展状况相一致。随着人类社会政治经济文化的发展,一些旧有的概念要消失,旧的名称要改变,新的事物名称要出现。叶蜚声也曾谈及社会形态的变化改变了旧有的社会意识,使一些反

---

① 参看李宗江:《汉语常用词演变研究》,上海:汉语大词典出版社,1999年,第51—52页。

映旧意识的词发生了变化。① 例如视觉动词语义场中,"觐"在上古汉语时期常指"诸侯朝见天子"或"泛指朝见帝王","见"也有专门的"朝见、拜见"的义位,随着社会制度形态的改变,此类义位在现代汉语中也已逐渐罕见或消失。

### 三、语义场演变的其他相关问题

#### (一)以语义场为单位考察常用词演变的方法

本论文考察的虽仅限于感觉动词语义场,但从方法论的角度来说应该也适用于其他语义场的研究。笔者认为,要从语义场的角度来考察常用词的演变,应该注意以下几点:

1.选择确定合适的语义场,这是研究的前提和基础。无论是语义场划分得太细还是太粗略,都不利于后续研究工作的进行。如本书视觉动词语义场的成员多达 18 个,而嗅觉动词语义场、味觉动词语义场和触觉动词语义场成员数量都很少,甚至在竺法护译经中只出现一个,因此有人认为甚至不应该把它们叫作语义场。但我们从动作的接受者、结果的不同找出这几个相关语义场的区别和联系,又不得不把它们区分为隶属于同一感觉动词语义场的不同子场。总之,语义场的大小和区分常常会因人而异,但总的原则只有一个,就是有利于词汇演变的考察。

2.注意语义场内部各成员之间的相互制约关系。同一语义场内部,某一成员的变化往往会波及其他成员。根据上文的考察,我们注意到了各成员义域、义值的变化情况,注意到某一成员发生变化时,其他相邻成员在施事、受事、动作的方式、结果方面的不同。

3.应充分考虑语言使用者认知上的主观因素。语言的发展变化,最根本的原因应是认知方面的原因。无论是词的产生或是消亡、词义的发展或是义位的融合,其本质的原因都是人的思维能力的增强,人对客观世界的范畴化逐渐精确的结果。

---

① 参看叶蜚声、徐通锵:《语言学纲要》(修订版),北京:北京大学出版社,2010 年,第 262—272 页。

4.注意从组合关系上考察演变的轨迹。无论是词意义的改变还是语法作用的改变,在形式上的显现就是组合关系的变化。因此本书在考察语义场成员的演变时也密切关注它们组合关系的变化情况。

（二）研究中需改进的问题

本书在研究竺法护译经感觉动词语义场的过程中,主要使用了语义场的理论分析所选语料中相关的词语,试图对视觉、听觉、味觉、嗅觉、触觉等感觉动词语义场进行共时的剖析和历时的描写。但由于笔者理论功底的缺乏,未能从更高的理论深度上进行阐释。这便成为本论文研究中的不足之处。若能以深厚的理论功底为基础,该研究将有更大的拓展空间。

在笔者现有的理论基础和所选语料的前提下,本书尽可能将理论阐释和语言材料结合起来进行考察,使得语言材料在理论的潜在指导下体现其最高的价值,将语言词汇发展演变的轨迹尽可能清晰地再现出来,这是个比较难的操作过程。在这个过程中,如何更好地实现二者的融合,是本书有待进一步加强的地方。

# 参 考 文 献

## 一、古籍之部

### （一）经部

《方言》，汉·扬雄著，周祖谟校笺，北京：中华书局，2008 年。

《说文解字》，东汉·许慎著，北宋·徐铉校定，北京：中华书局，1963 年。

《原本玉篇残卷》，南朝梁·顾野王，北京：中华书局，1985 年。

《宋本玉篇》，南朝梁·顾野王著，唐·孙愐、宋·陈彭年等增字，北京：中国
    书店影印本，1983 年。

《说文解字系传》，南唐·徐锴，北京：中华书局，1987 年。

《宋刻集韵》，北宋·丁度等，北京：中华书局据国家图书馆藏南宋潭州刻本
    影印本，2005 年。

《四书章句集注》，南宋·朱熹，北京：中华书局，1983 年。

《说文解字注》，清·段玉裁，上海：上海古籍出版社，1988 年。

《说文解字义证》，清·桂馥，北京：中华书局，1987 年。

《广雅疏证》，清·王念孙，南京：江苏古籍出版社，2000 年。

《十三经注疏》（附校勘记），清·阮元校刻，北京：中华书局，1980 年。

《新校互注宋本广韵》（定稿本），余迺永，上海：上海人民出版社，2008 年。

### （二）史部

《战国策笺证》，西汉·刘向集录，范祥雍笺证，范邦瑾协校，上海：上海古籍

出版社,2006 年。

《国语集解》(修订本),徐元诰注,北京:中华书局,2002 年。

《史记》,西汉·司马迁,北京:中华书局,1959 年。

《汉书》,东汉·班固,北京:中华书局,1962 年。

《东观汉记校注》,东汉·刘珍等著,吴树平校注,北京:中华书局,2008 年。

《后汉书》,刘宋·范晔著,唐·李贤注,北京:中华书局,1965 年。

《三国志》,西晋·陈寿著,南朝宋·裴松之注,北京:中华书局,1982 年。

《后汉纪校注》,东晋·袁宏著,周天游校注,天津:天津古籍出版社,
1987 年。

《宋书》,梁·沈约,北京:中华书局,1974 年。

《南齐书》,梁·萧子显,北京:中华书局,1972 年。

《魏书》,北齐·魏收,北京:中华书局,1974 年。


（三）子部

《吕氏春秋》,战国·吕不韦著,陈奇猷校释,上海:上海古籍出版社,2002 年。

《淮南子集释》,西汉·刘安著,何宁集释,北京:中华书局,1988 年。

《说苑校证》,西汉·刘向著,向宗鲁校证,北京:中华书局,1987 年。

《法言义疏》,西汉·扬雄著,汪荣宝义疏,陈仲夫点校,北京:中华书局,
1987 年。

《风俗通义校注》,东汉·应劭著,王利器校注,北京:中华书局,1981 年。

《论衡校释》(附刘盼遂集解),东汉·王充著,黄晖校释,北京:中华书局,
1990 年。

《潜夫论笺校正》,东汉·王符著,清·汪继培笺,彭铎校正,北京:中华书
局,1985 年。

《博物志校证》,西晋·张华著,范宁校证,北京:中华书局,1980 年。

《抱朴子外篇校笺》,东晋·葛洪著,杨明照校笺,北京:中华书局,1991 年。

《抱朴子内篇校释》(增订本),东晋·葛洪著,王明校释,北京:中华书局,
1985 年。

《颜氏家训》(增补本),北齐·颜之推著,王利器集解,北京:中华书局,
1993 年。

《荀子集解》，清·王先谦著，沈啸寰、王星贤点校，北京：中华书局，1988年。

《新语校注》，西汉·陆贾著，王利器校注，北京：中华书局，1986年。

《神仙传校释》，东晋·葛洪著，胡守为校释，北京：中华书局，2010年。

《文选》，南朝梁·萧统编，唐·李善注，上海：上海古籍出版社，1986年。

《齐民要求校释》（第二版），后魏·贾思勰著，缪启愉校释，北京：中国农业出版社，1998年。

《文心雕龙注》，南朝梁·刘勰著，范文澜注，北京：人民文学出版社，1962年。

《艺文类聚》，唐·欧阳询著，汪绍楹校，上海：上海古籍出版社，1965年。

《五灯会元》，宋·普济著，苏渊雷点校，北京：中华书局，1984年。

《韩非子集解》，清·王先慎著，钟哲点校，北京：中华书局，1998年。

《墨子间诂》，清·孙诒让著，孙启治点校，北京：中华书局，2001年。

《庄子集释》，清·郭庆藩著，王孝鱼点校，北京：中华书局，1961年。

《列子集释》，杨伯峻，北京：中华书局，1979年。

《诸病源候论校注》，丁光迪主编，北京：人民卫生出版社，1991年。

《大正新修大藏经》（修订本），台北：新文丰出版公司，1996年。

《红楼梦》，清·曹雪芹著，北京：人民文学出版社，1982年。


（四）集部

《阮籍集校注》，三国魏·阮籍著，郭光校注，郑州：中州古籍出版社，1991年。

《嵇康集校注》，三国魏·嵇康著，戴明扬校注，北京：人民文学出版社，1962年。

《陆机集》，西晋·陆机著，金涛声点校，北京：中华书局，1982年。

《陆云集》，西晋·陆云著，黄葵点校，北京：中华书局，1988年。

《搜神记》，东晋·干宝著，汪绍楹校注，北京：中华书局，1979年。

《陶渊明集笺注》，东晋·陶渊明著，袁行霈笺注，北京：中华书局，2003年。

《楚辞补注》，北宋·洪兴祖著，白化文等点校，北京：中华书局，1983年。


（五）工具书

《佛学大辞典》，丁福保编，上海：上海书店，1991年。

《三藏法数》,明·释一如等编,杭州:浙江古籍出版社,1991 年。

《法相辞典》,朱芾煌编,台北:台湾"商务印书馆",1972 年。

《佛学常见词汇》,陈义孝居士编,竺摩法师鉴定,台北:文津出版社,
    1988 年。

《汉语大词典》,罗竹凤主编,上海:汉语大词典出版社,1986—1993 年。

《汉语大字典》,徐中舒主编,成都:四川辞书出版社;武汉:湖北辞书出版
    社,2010 年。

## 二、今人论著

### (一)专著

岑运强:《语言学基础理论》(第 2 版),北京:北京师范大学出版社,2005 年。

程湘清:《汉语史专书复音词研究》(增订本),北京:商务印书馆,2008 年。

董秀芳:《词汇化:汉语双音词的衍生和发展》,成都:四川民族出版社,
    2002 年。

方一新:《训诂学概论》,南京:江苏教育出版社,2008 年。

符淮青:《词义的分析和描写》,北京:外语教学与研究出版社,2006 年。

贾彦德:《语义学导论》,北京:北京大学出版社,1986 年。

贾彦德:《汉语语义学》(第 2 版),北京:北京大学出版社,1999 年。

蒋绍愚:《汉语词汇语法史论文集》,北京:商务印书馆,2000 年。

蒋绍愚:《古汉语词汇纲要》,北京:商务印书馆,2005 年。

蒋绍愚:《近代汉语研究概要》,北京:北京大学出版社,2005 年。

李福印:《语义学概论》,北京:北京大学出版社,2006 年。

李宗江:《汉语常用词演变研究》,上海:汉语大词典出版社,1999 年。

刘叔新:《汉语描写词汇学》(重排本),北京:商务印书馆,2005 年。

吕　澂:《中国佛学源流略讲》,北京:中华书局,1979 年。

吕　澂:《新编汉文大藏经目录》,济南:齐鲁书社,1980 年。

吕叔湘:《吕叔湘文集》,北京:商务印书馆,1992 年。

任学良:《〈古代汉语·常用词〉订正》,杭州:浙江大学出版社,1987 年。

沙　夫:《语义学引论》,罗兰、周易合译,北京:商务印书馆,1979 年。

束定芳:《现代语义学》,上海:上海外语教育出版社,2000 年。

索绪尔:《普通语言学教程》,高名凯译,北京:商务印书馆,1980 年。

谭代龙:《义净译经身体运动概念场词汇系统及其演变研究》,北京:语文出版社,2008 年。

汪维辉:《东汉—隋常用词演变研究》,南京:南京大学出版社,2000 年。

王德春:《词汇学研究》,济南:山东教育出版社,1983 年。

王凤阳:《古辞辨》,长春:吉林文史出版社,1993 年。

王政白:《古汉语同义词辨析》,合肥:黄山书社,1992 年。

吴峥嵘:《〈左传〉索取、给予、接受义类词汇系统研究》,成都:巴蜀书社,2009 年。

伍谦光:《语义学导论》(修订本),长沙:湖南教育出版社,1988 年。

向　熹:《简明汉语史》(修订本),北京:商务印书馆,2010 年。

徐烈炯:《语义学》(修订本),北京:语文出版社,1995 年。

徐志民:《欧美语义学导论》,上海:复旦大学出版社,2008 年。

叶蜚声、徐通锵:《语言学纲要》(修订版),北京:北京大学出版社,2010 年。

张志毅、张庆云:《词汇语义学》(修订本),北京:商务印书馆,2005 年。

朱庆之:《佛典与中古汉语词汇研究》,台北:文津出版社,1992 年。

(二) 单篇论文

蔡崇尧:《亲属语义场中的汉维语词义比较》,《语言与翻译》1997 年第 2 期。

曹荣芳:《竺法护译词对〈汉语大词典〉的补正作用》,《湖南工业大学学报》(社会科学版)2008 年第 1 期。

岑运强:《语义场和义素分析再探》,《福建外语》1994 年第 3—4 期。

常　颖:《"意动性"功能——语义场与"请求"类言语行为》,《外语学刊》2007 年第 6 期。

陈春风、张　涛:《中古佛经词语在大型语文辞书编纂上的价值——以西晋竺法护译经为例》,《求索》2008 年第 8 期。

陈国灿:《吐鲁番出土的〈诸佛要集经〉残卷与敦煌高僧竺法护的译经考略》,《敦煌学辑刊》1983 年试刊。

陈雪梅:《"女"部字语义场文化意蕴浅探》,《安徽技术师范学院学报》2002

年第 2 期。

崔新广:《汉日面部语义场的对比研究》,《鲁东大学学报》(哲学社会科学版)2006 年第 12 期。

戴浩一著,黄河译:《时间顺序和汉语的语序》,《国外语言学》1988 年第 1 期。

董玉芝:《说"腿"》,《新疆教育学院学报》2008 年第 4 期。

杜桂枝:《简述 A. B. Бондарко 的功能语义场理论》,《外语学刊》2000 年第 2 期。

冯玉律:《诗歌翻译中的关键词与文本语义场》,《外国语》(上海外国语大学学报)1997 年第 4 期。

傅志海:《语义场理论在外语词汇教学中的应用》,《宜春学院学报》2008 年第 1 期。

傅志海:《词义场/语义场理论对英语词汇学习的启示》,《哈尔滨学院学报》2008 年第 2 期。

甘小明:《〈高僧传〉建造概念场词汇系统分析》,《滁州学院学报》2008 年第 4 期。

高辟天:《根据现代汉语词典词条拟测汉字语义场》,《世界汉语教学》1997 年第 1 期。

葛维钧:《从〈正法华经〉看竺法护的翻译特点(上)》,《南亚研究》1986 年第 3 期。

葛维钧:《从〈正法华经〉看竺法护的翻译特点(下)》,《南亚研究》1986 年第 4 期。

郭伏良:《现代汉语语义场分析初探》,《河北大学学报》1995 年第 1 期。

郭沈青:《语义场和义素的性质及其研究价值》,《宝鸡文理学院学报》(哲社会科学版)1994 年第 2 期。

郭锡良:《1985 年的古汉语研究》,《中国语文天地》1986 年第 3 期。

郭晓妮:《汉语常用词多义义场的历史演变初探——以动词"提"为例》,《合肥学院学报》(社会科学版)2009 年第 5 期。

何家宁:《语义场理论对英汉词典选词的启示》,《外语与外语教学》1998 年第 9 期。

何九盈：《二十世纪的汉语训诂学》，载刘坚主编：《二十世纪的中国语言学》，北京：北京大学出版社，1998年。

洪成玉：《释"闻"》，《北京师范学院学报》（社会科学版）1989年第5期。

侯　博：《"闻"的词义演变深层动因探赜》，《语文学刊》2006年第7期。

胡湘荣：《鸠摩罗什同支谦、竺法护译经中语词的比较》，《古汉语研究》1994年第2期。

胡湘荣：《鸠摩罗什同支谦、竺法护译经中语词的比较（续）》，《古汉语研究》1994年第3期。

黄国清：《竺法护译〈正法华经〉"自然"译词析论》，《中华佛学研究》2001年第5期。

贾彦德：《语义场内词义间的几种聚合关系》，《新疆大学学报》1982年第1期。

蒋绍愚：《白居易诗中与"口"有关的动词》，《语言研究》1993年第2期。

蒋绍愚：《汉语词义和词汇系统的历史演变初探——以"投"为例》，《北京大学学报》（哲学社会科学版）2006年第4期。

蒋绍愚：《打击义动词的词义分析》，《中国语文》2007年第5期。

蒋晓薇：《〈世说新语〉"一般地看"同义语义场研究》，《湖北广播电视大学学报》2007年第12期。

金　石：《"穿戴"语义场与语言的民族特点》，《汉语学习》1995年第5期。

柯秋芳、史海录：《语义场理论在近义词辨析中的应用》，《咸宁学院学报》2008年第2期。

科索夫斯基著，成中立译述：《语义场理论概述》，《语言学动态》1979年第3期。

寇永良：《语义场浅释》，《黑龙江教育学院学报》2001年第2期。

郎天万、蒋　勇：《概念结构对语义原子论和语义场理论的整合》，《四川外语学院学报》2000年第2期。

黎千驹：《论语义场的类型与语义的模糊性》，《陕西理工学院学报》（社会科学版）2006年第2期。

李冬梅：《语义场理论与词汇教学探微》，《吉林师范学院学报》1999年第2期。

李敦之：《语义场分析矩阵》，《西安工业学院学报》2005 年第 6 期。

李乐君：《"可能性"语义场的语义区别特征》，《外语研究》2002 年第 3 期。

李润生：《二十世纪五十年代以来汉语词汇系统研究述评》，《燕山大学学报》（哲学社会科学版）2007 年第 2 期。

李尚全：《"敦煌菩萨"竺法护的生平及其佛学思想》，《敦煌学辑刊》2004 年第 1 期。

李岩云：《"敦煌菩萨"竺法护》，《阳关》2001 年第 5 期。

李友鸿：《词义研究的一些问题》，《西方语文》1958 年第 1 期。

李玉升：《语义场理论对大学英语词汇教学的启示》，《宜宾学院学报》2006 年第 10 期。

李云云：《汉语下肢语义场的历史演变》，《绵阳师范学院学报》2004 年第 2 期。

梁　鲜、符其武：《从语义场看词义演变的类型》，《新东方》2006 年第 2 期。

刘恩祥：《语义场理论在语篇中的作用试析》，《深圳信息职业技术学院学报》2004 年第 1 期。

刘洪波：《文献语言的语义场问题》，《图书与情报》1989 年第 1 期。

刘利华：《语义场理论与英语词汇学习》，《唐山学院学报》2004 年第 3 期。

刘曼丽：《竺法护译经数量及时间考》，《西北大学学报》（哲学社会科学版）2000 年第 2 期。

刘文婷：《语义场理论与大学英语词汇教学》，《科技信息》2008 年第 29 期。

刘晓梅：《释义元语言·语义框架·语义场·对比解析——谈高级外向型汉语学习词典的几个问题》，《学术交流》2005 年第 8 期。

刘亚猛：《语义场与英语修辞》，《外国语言文学》1984 年第 2 期。

刘英凯：《试论语义场理论对修辞的解释能力》，《深圳大学学报》（人文社会科学版）1993 年第 2 期。

柳新军：《从俄汉语言的世界图景看语义场理论》，《福建外语》2002 年第 4 期。

龙　丹：《魏晋核心词"颈"语义场研究》，《云梦学刊》2007 年第 3 期。

龙　丹：《魏晋"牙齿"语义场及其历时演变》，《语言研究》2007 年第 4 期。

龙　丹：《魏晋核心词"油"语义场初探》，《广西社会科学》2007 年第 7 期。

龙　丹：《魏晋"羽毛"语义场探微》，《郧阳师范高等专科学校学报》2008 年
　　第 1 期。

卢巧琴：《〈说文解字·木部〉语义场浅析》，《唐山师范学院学报》2005 年第
　　3 期。

鲁枢元：《汉字"风"的语义场与中国古代生态文化精神》，《文学评论》2005
　　年第 4 期。

陆尊梧：《语义场浅谈》，《学习与思考》1981 年第 5 期。

罗德真：《略论西方语义场理论在汉语语义学研究中的借鉴》，《江苏广播电
　　视大学学报》1995 年第 1 期。

罗凤文、梁兴莉：《语义场理论及其在大学英语写作中的应用——一项基于
　　大学生词汇提取能力的实验分析》，《理论界》2006 年第 7 期。

罗永合：《语义场理论在语言表达中的运用与理解》，《解放军外国语学院学
　　报》1999 年第 3 期。

罗智丰：《竺法护译经语言风格刍议》，《桂林航天工业高等专科学校学报》
　　2008 年第 3 期。

吕叔湘：《汉语研究工作者的当前任务》，《中国语文》1961 年第 4 期。

马　丽：《试论未成年人语义场的演变》，《浙江学刊》2004 年第 5 期。

梅家驹、竺一鸣、高蕴琦等：《语义场和语义体系》，《外国语》(上海外国语学
　　院学报)1987 年第 3 期。

梅乃文：《竺法护的翻译初探》，《中华佛学学报》1996 年第 9 辑。

潘　雯：《用语义场理论比较英汉语中"白"的意义》，《江苏外语教学研究》
　　2005 年第 1 期。

彭吉思：《〈水浒传〉中与"看""打"有关的同义语义场》，《江西金融职工大学
　　学报》2006 年第 6 期。

齐广军：《俄汉分类语义场对比》，《俄语学习》2001 年第 6 期。

钱　进：《称谓的性别语义场》，《青海社会科学》2004 年第 6 期。

邱国丹：《语义场理论及其在英语教学中的运用》，《温州职业技术学院学
　　报》2004 年第 3 期。

时　健、张小涓：《语义场理论在大学英语词汇教学中的运用》，《技术与创
　　新管理》2008 年第 5 期。

宋　文：《认知语义场——辨同义词、类义词、上下义词》,《现代语文》（语言研究版）2006年第8期。

苏新春：《汉语词汇定量研究的运用及其特点——兼谈〈语言学方法论〉的定量研究观》,《厦门大学学报》（哲学社会科学版）2001年第4期。

苏　袁：《古汉语中的语义场意识》,《徐州工程学院学报》2005年第12期。

孙慧洁：《"气味"语义场称名结构中换喻的使用》,《外语与外语教学》2002年第12期。

孙　莹：《语义场理论对大学英语词汇教学的启示》,《科技信息》2008年第14期。

谭代龙：《义净译经卧睡概念场词汇系统及其演变研究》,《语言科学》2007年第3期。

谭代龙、张富翠：《汉语起立概念场词汇系统及其演变研究》,《西南民族大学学报》（人文社科版）2007年第10期。

谭代龙、周文德：《〈诗经〉中的身体名词研究》,《重庆社会科学》2007年第7期。

唐　琳：《试析语义场理论》,《消费导刊》2008年第18期。

唐钰明：《定量分析方法与古文字资料的词汇语法研究》,《海南师范学院学报》1991年第4期。

滕　静：《探析语义场的类型》,《现代语文》（教学研究版）2006年第4期。

田　君：《"空间分布"语义场中动词集合的构成原则》,《长春理工大学学报》（社会科学版）2004年第3期。

汪维辉：《〈周氏冥通记〉词汇研究》,《中古近代汉语研究》第一辑,上海：上海教育出版社,2000年。

王　枫：《"问答"类动词语义场的历史演变》,《内蒙古大学学报》（人文社会科学版）2007年第1期。

王　枫：《"语告"类动词语义场的历史演变》,《内蒙古大学学报》（哲学社会科学版）2008年第5期。

王福堂、王洪君：《从"实心馒头"到"淡面包"再到"淡包"——语词语义场归属变化一例》,《语文研究》2000年第1期。

王惠民：《竺法护"世居敦煌"辨析》,《兰州大学学报》（社会科学版）2008年第 4 期。

王建喜：《"陆地水"语义场的演变及其同义语素的叠置》，《语文研究》2003
　　年第 1 期。

王建喜：《先秦至魏晋南北朝腿部语义场的演变》，《周口师范学院学报》
　　2006 年第 6 期。

王丽萍：《语义场中词义聚合、组合关系及其语篇衔接功能》，《山东师大外
　　国语学院学报》2002 年第 4 期。

王利清：《语义场理论与英语词汇教学策略》，《盐城师范学院学报》（人文社
　　会科学版）2006 年第 4 期。

王叔新：《论汉语矛盾修辞法的语源语义场及思维方式》，《台州学院学报》
　　2002 年第 4 期。

王　伟：《语义场理论与英语词汇扩展》，《成功》2008 年第 3 期。

王　锳：《试论"通感生义"——从"闻"字说起》，《语言教学与研究》1997 年
　　第 4 期。

文　旭：《从语义场理论看语言的模糊性》，《外语学刊》（黑龙江大学学报）
　　1995 年第 1 期。

吴宝安：《西汉"头"的语义场研究——兼论身体词频繁更替的相关问题》，
　　《语言研究》2006 年第 4 期。

吴宝安、黄树先：《先秦"皮"的语义场研究》，《古汉语研究》2006 年第 2 期。

吴传凤：《语义场和词义差异》，《常德师范学院学报》（社会科学版）1999 年
　　第 4 期。

吴新民：《从语义场理论看"姑夫"和"姑父"的取舍》，《汉语学习》2006 年第
　　4 期。

解大力、包威：《试论语义场理论在外语词汇教学中的应用》，《北方经贸》
　　2006 年第 3 期。

解海江、张志毅：《汉语面部语义场历史演变——兼论汉语词汇史研究方法
　　论的转折》，《古汉语研究》1993 年第 4 期。

解海江、章黎平：《面部语义场词典释义的历史演变》，《烟台师范学院学报》
　　（哲学社会科学版）1999 年第 4 期。

解海江、章黎平：《英汉烹饪语义场对比研究》，《烟台师范学院学报》（哲学

社会科学版)2002年第4期。

徐俊霞:《"闻"的词义演变》,《河南机电高等专科学校学报》2003年第2期。

徐正考、李美妍:《菩提留支译经中的言说类词语》,《求是学刊》2009年第
　　5期。

颜红菊:《语义场理论的认知拓展》,《求索》2007年第4期。

姚鹏慈:《汉语成语语义场试探》,《广播电视大学学报》(哲学社会科学版)
　　2005年第2期。

杨朝宝:《汉英动物词族语义场》,《现代语文》2006年第11期。

杨山青:《语义场理论和成份分析法在词汇教学中的运用》,《贵阳师专学
　　报》(社会科学版)1991年第3期。

杨绳信:《竺法护其人其事》,《中华文化论坛》1996年第4期。

尹戴忠:《上古"窥视"语义场研究》,《唐山师范学院学报》2008年第1期。

尹戴忠:《上古汉语"张目看"语义场研究》,《鸡西大学学报》2008年第3期。

尹铁超:《历史语言意义变化与语义场关系》,《满语研究》2003年第2期。

殷孟伦:《"闻"的转用法时代还要早》,《中国语文》1960年第5期。

殷孟伦:《"闻"的词义问题》,《中国语文》1962年第11期。

袁荣儿:《论汉英词汇语义场的对比差异》,《丽水师范专科学校学报》2003
　　年第1期。

袁益山:《试论英语语义场及其在教学中的指导作用》,《南通工学院学报》
　　2000年第3期。

张春泉:《基于语义场的科学术语理解》,《浙江社会科学》2006年第1期。

张　笛、高奎峰:《〈尔雅·释宫〉语义场分析》,《乐山师范学院学报》2007年
　　第1期。

张建理:《词义场·语义场·语义框架》,《浙江大学学报》(人文社会科学
　　版)2000年第6期。

张　娇:《从原型范畴理论和语义场理论解读中国古诗词的意象之美——
　　试以白居易的〈暮江吟〉作个案分析》,《成都理工大学学报》(社会科学
　　版)2005年第1期。

张荆萍:《"出售"语义场的演变初探》,《吉林省教育学院学报》2008年第
　　3期。

张庆云：《通过语义场丰富词汇》，《学汉语》1994 年第 5 期。

张信和、杨万斌：《语义场理论与翻译实践》，《中国翻译》1996 年第 2 期。

张　燚：《语义场：现代语义学的哥德巴赫猜想》，《新疆师范大学学报》（哲学社会科学版）2002 年第 1 期。

张永言：《词义演变二例》，《中国语文》1960 年第 1 期。

张永言：《再谈"闻"的词义问题》，《中国语文》1962 年第 5 期。

张永言、汪维辉：《关于汉语词汇史研究的一点思考》，《中国语文》1995 年第 6 期。

张占山：《论现代汉语的存在语义场》，《陕西师范大学学报》（哲学社会科学版）2007 年第 2 期。

章红梅：《古汉语"跳跃"义场的语义分析》，《西华师范大学学报》（哲学社会科学版）2005 年第 3 期。

赵一农：《语义场内的词义联动现象》，《解放军外国语学院学报》1999 年第 4 期。

郑春兰、金久红：《甲骨文核心词"人"的语义场初探》，《华中科技大学学报》（社会科学版）2006 年第 5 期。

郑荣馨：《论修辞语义场》，《绥化师专学报》1996 年第 2 期。

郑文婧：《语义场理论中场单位和场关系的泛化》，《重庆交通大学学报》（社科版）2007 年第 4 期。

周国光：《语义场的结构和类型》，《华南师范大学学报》（社会科学版）2005 年第 1 期。

邹玉华：《语义场研究述评》，《湘潭大学社会科学学报》1987 年第 S1 期。

（三）学位论文

曹荣芳：《从常用词看竺法护译经的词汇特点》，湖南师范大学硕士学位论文，2006 年。

崔宰荣：《汉语"吃喝"语义场的历史演变》，北京大学硕士学位论文，1997 年。载《语言学论丛》第 25 辑，北京：商务印书馆，2001 年。

杜　翔：《支谦译经动作语义场及其演变研究》，北京大学博士学位论文，2002 年。

方凤兰:《竺法护译经复音介词研究》,广西师范大学硕士学位论文,2008年。

高 龙:《汉语"切割"类动词语义场的历史演变研究》,内蒙古大学硕士学位论文,2008年。

焦毓梅:《〈十诵律〉常用动作语义场词汇研究》,四川大学博士学位论文,2007年。

李 娟:《〈汉书〉司法语义场研究》,四川大学博士学位论文,2006年。

梁富国:《竺法护与鸠摩罗什入华传教比较研究》,西北大学硕士学位论文,2008年。

刘恩萍:《汉语"行进"类动词语义场的历史演变研究》,内蒙古大学硕士学位论文,2009年。

刘新春:《睡觉类动词的历史演变研究》,河南大学硕士学位论文,2003年。

吕东兰:《从〈史记〉、〈金瓶梅〉等看汉语"观看"语义场的历史演变》,北京大学硕士学位论文,1995年。载《语言学论丛》第21辑,北京:商务印书馆,1998年。

吕文平:《汉语"买卖"类动词语义场的历史演变研究》,内蒙古大学硕士学位论文,2007年。

邵 丹:《汉语情绪心理动词语义场的历史演变研究》,北京大学博士学位论文,2006年。

双丹丹:《"种植"类动词语义场的历史演变》,河南大学硕士学位论文,2009年。

汪 祎:《中古同经异译佛典词汇比较研究——以竺法护和鸠摩罗什译经为例》,南京师范大学硕士学位论文,2005年。

王洪涌:《先秦两汉商业词汇——语义系统研究》,华中师范大学博士学位论文,2006年。

王路畅:《语义场理论在中专英语词汇教学中的应用》,辽宁师范大学教育硕士学位论文,2008年。

王 洋:《汉语"烹煮"语义场的历史演变研究》,西北大学硕士学位论文,2008年。

闫春慧:《汉语"洗涤"类动词语义场的历史演变》,内蒙古大学硕士学位论文,2006年。

张荆萍:《试论古汉语"出售"语义场的历史演变》,浙江大学硕士学位论文,
　　2008年。

张小雨:《汉、英"死亡"语义场的比较研究》,吉林大学硕士学位论文,
　　2009年。

张　云:《功能语义场视角下的英汉颜色词文化内涵对比》,湘潭大学硕士
　　学位论文,2006年。

朱莹莹:《手部动作常用词的语义场研究》,四川大学硕士学位论文,
　　2007年。

（四）外文著作

J. Lyons. *Semantics*, London: Cambridge University Press, 1978.

S. Ullman. *Semantics*, London: Oxford, 1962.

Taylor J. R. *Linguistic Categorization: Prototypes in Linguistic Theory*,
　　Second edition, London: Foreign Language Teaching and Research
　　Press & Oxford University Press, 2001.

Lakoff, G. *Women, Fire, and Dangerous Things: What Categories
　　Reveal about the Mind*. Chicago: University of Chicago Press, 1987.

Saussure. *Course in General Linguistics*. Foreign Language Teaching and
　　Research Press & Gerald Duckworth & Co. Ltd, 2001.

David Crystal. *A Dictionary of Linguistics and Phonetics*, blackwell
　　publishing, 1980.

# 词 语 索 引

# 后　记

　　本书是在我的博士学位论文基础上修改完成的,除少数章节有所调整外,基本内容和框架没有大的改动。

　　学位论文是在导师方一新先生指导下完成的。先生为人严谨,对学生关爱备至,在我最困难的时候,给了我最大的帮助。难忘先生百忙之中一次次帮我分析困难,找出症结,并鼓励我脚踏实地超越自我。先生为我的论文、我的学业倾注了大量心血。先生的教诲与帮助,兴鲁将终生难忘。在先生的影响之下,方门弟子关系融洽,互帮互助。论文写作中,高列过、阮剑豪、曾丹、李倩、姜黎黎、郭晓妮、路方鸽、和谦、孙尊章几位同门牺牲了大量时间,一次次帮我核对文献、提出宝贵意见。在这里,我要感谢他们。我还要感谢浙江大学汉语史研究中心的诸位老师的指导和帮助。各位先生的言传身教,将使我受益终生。

　　本书出版,获得浙江省社科联出版资助(项目编号:2011CBB29),在此谨表谢忱。本书能够顺利出版,还要感谢浙江大学古籍研究所窦怀永老师,以及为本书出版付出辛劳的责任编辑张小苹老师。

　　本书中的所有缺失,概由本人负责,也恳请各位同行专家批评指正。

姜兴鲁

2015 年秋于浙江越秀外国语学院镜湖校区寓所

**图书在版编目(CIP)数据**

竺法护译经感觉动词语义场研究 / 姜兴鲁著. —杭州：浙江大学出版社，2016.1
ISBN 978-7-308-15474-1

Ⅰ.①竺… Ⅱ.①姜… Ⅲ.①佛经—动词—研究
Ⅳ.①B942.1

中国版本图书馆 CIP 数据核字（2015）第 317172 号

## 竺法护译经感觉动词语义场研究

姜兴鲁　著

| | |
|---|---|
| 责任编辑 | 张小苹 |
| 责任校对 | 杨利军　余月秋 |
| 封面设计 | 林智广告 |
| 出版发行 | 浙江大学出版社 |
| | （杭州市天目山路 148 号　邮政编码 310007） |
| | （网址：http://www.zjupress.com） |
| 排　版 | 杭州林智广告有限公司 |
| 印　刷 | 杭州杭新印务有限公司 |
| 开　本 | 710mm×1000mm　1/16 |
| 印　张 | 13.75 |
| 字　数 | 220 千 |
| 版 印 次 | 2016 年 1 月第 1 版　2016 年 1 月第 1 次印刷 |
| 书　号 | ISBN 978-7-308-15474-1 |
| 定　价 | 48.00 元 |

浙江大学出版社发行中心联系方式：（0571）88925591；http://zjdxcbs.tmall.com